○全民阅读·经典小丛书○

梦溪笔谈

［宋］沈　括◎著　冯慧娟◎编

吉林出版集团股份有限公司

版权所有　侵权必究

图书在版编目（CIP）数据

梦溪笔谈 /（宋）沈括著；冯慧娟编. —长春：
吉林出版集团股份有限公司，2015.6（2025.5重印）
（全民阅读.经典小丛书）
ISBN 978-7-5534-7776-3

Ⅰ.①梦… Ⅱ.①沈… ②冯… Ⅲ.①笔记–中国–
北宋 Ⅳ.①Z429.441

中国版本图书馆 CIP 数据核字 (2015) 第 128371 号

MENGXI BITAN

梦溪笔谈

［宋］沈括　著　冯慧娟　编

出版策划：	崔文辉
选题策划：	冯子龙
责任编辑：	孙骏骅
排　　版：	新华智品
出　　版：	吉林出版集团股份有限公司
	（长春市福祉大路5788号，邮政编码：130118）
发　　行：	吉林出版集团译文图书经营有限公司
	（http://shop34896900.taobao.com）
电　　话：	总编办 0431-81629909　　营销部 0431-81629880 / 81629881
印　　刷：	北京一鑫印务有限责任公司
开　　本：	640mm × 940mm 1/16
印　　张：	10
字　　数：	130千字
版　　次：	2015年10月第1版
印　　次：	2025年5月第4次印刷
书　　号：	ISBN 978-7-5534-7776-3
定　　价：	45.00元

印装错误请与承印厂联系　　电话：010-61424266

前言

《梦溪笔谈》是北宋沈括撰写的一部记录性著作,是我国第一部科技类图书,标志着我国古代的科技水平在宋朝达到了前所未有的高峰。

沈括(1031年—1095年),北宋科学家,字存中,号梦溪丈人,杭州钱塘县(今浙江省杭州市)人,嘉祐八年(1063年)擢进士,累官翰林学士、三司史。沈括博学能文,55岁时完成了《梦溪笔谈》的创作。《梦溪笔谈》是一部内容丰富的学术著作,也是一部百科全书,涵盖了文学、音乐、史学、政治、书画、地理、数学、物理、化学、生物、天文、医学、医药和技艺等人文科学和自然科学的诸多方面,是后人进行文史研究的可靠依据。英国科学家李约瑟称《梦溪笔谈》为"中国科学史上的标杆"。

《梦溪笔谈》不仅反映了宋代在自然科学和人文科学方面的巨大成就,还从侧面反映了宋代的社会现实。书中许多成果为民间发明,并不常见于官府修订的正史,因此显得尤为珍贵。

　　为了让读者更好地了解这些伟大成果，编者特地辑录成这本《梦溪笔谈》，相信读者一定能从中领略到中国历史上的辉煌科技成就。

目录

卷一·故事 ○一一

郊庙册文	○一二
翰林之称	○一三
学士宣召	○一四
玉堂故事	○一五
中国衣冠用胡服	○一六
百官见宰相	○一八
雌黄改字	○一九
五司厅	○二○
馆阁藏书	○二一
贡举礼数轻重	○二一
王俊民为状元	○二三
三司使班次	○二四
宗子授南班官	○二五
直官与兼官	○二六
赐"功臣"号	○二七

卷二·辩证 ○二九

钧石之石	○三○
阳燧照物	○三一
解州盐泽	○三三
藏书辟蠹用芸	○三四
玄为赤黑色	○三五
炼钢	○三六
古说济水伏流地中	○三七
"南"为乐名	○三八
"野马"为田野间浮气	○三九

梦溪笔谈

桂屑除草	〇三九
除官之"除"	〇四〇
钱陌之"陌"	〇四一
李白作《蜀道难》	〇四二
卷三·乐律	**〇四三**
羯鼓	〇四四
杖鼓	〇四四
天宝法曲与胡部合奏	〇四五
《霓裳羽衣曲》	〇四六
世称善歌者曰"郢人"	〇四七
声同共振	〇四九
卷四·象数	**〇五一**
《奉元历》改移闰朔	〇五二
二十八宿	〇五三
日月之形	〇五四
月行九道非实有	〇五五
五星行度	〇五七
卷五·人事	**〇五九**
寇准镇物	〇六〇
王文正局量宽厚	〇六〇
李士衡不重财物	〇六二
孙之翰不受砚	〇六二
王荆公不受紫团参	〇六三
晏元献诚实不隐	〇六四
强干县令	〇六五
林逋隐居	〇六六

卷六·官政 ……………………… 〇六七

"三说法" ……………………………… 〇六八
范文正浙西救灾 …………………… 〇七〇
盐钞法 ……………………………… 〇七一
吏无常禄 …………………………… 〇七二
宋代茶法 …………………………… 〇七三

卷七·权智 ……………………… 〇七七

狄青为将以奇胜 …………………… 〇七八
雷简夫窖大石 ……………………… 〇七九

卷八·艺文 ……………………… 〇八一

"郭索"与"钩辀" ………………… 〇八二
宋初古文 …………………………… 〇八二
集句诗 ……………………………… 〇八三
切韵之学 …………………………… 〇八四
鹳雀楼诗 …………………………… 〇八五
海陵王墓铭 ………………………… 〇八六
欧阳文忠推挽后学 ………………… 〇八七
"乌鬼"考 ………………………… 〇八九

卷九·书画 ……………………… 〇九一

"耳鉴"与"揣骨听声" …………… 〇九二
高益匠心 …………………………… 〇九二
画工画佛光之谬 …………………… 〇九三
徐铉善小篆 ………………………… 〇九四
吴道子画圆光 ……………………… 〇九五
徐熙与黄筌 ………………………… 〇九五
王羲之《乐毅论》石刻 …………… 〇九七

董源、巨然山水画	〇九九
卷十·技艺	**一〇一**
毕昇发明活字印刷	一〇二
梵天寺木塔	一〇三
卷十一·器用	**一〇五**
神臂弓	一〇六
沈卢、鱼肠	一〇七
凸面镜	一〇七
唐肺石	一〇八
透光镜	一〇九
弩机矩度	一一〇
青堂羌善锻甲	一一二
折玉钗与玉臂钗	一一三
卷十二·神奇	**一一五**
原始石斧	一一六
陨石	一一七
雷震	一一八
卷十三·异事异疾附	**一二一**
虹	一二二
夹镜之疑	一二三
奇疾	一二四
海市蜃楼	一二五
延州石笋	一二六
卷十四·谬误谲诈附	**一二九**
丁晋公之逐	一三〇
包孝肃为吏所卖	一三一

卷十五·讥谑 … 一三三

石曼卿微行娼馆 … 一三四
热中允不博冷修撰 … 一三四
不识字更快活 … 一三五

卷十六·杂志一 … 一三七

盐南风与汝南风 … 一三八
跳兔 … 一三九
蝼 … 一三九
海陆变迁 … 一四〇
指南针 … 一四一
钟馗之设 … 一四二
茶芽 … 一四三
闽中小核荔枝 … 一四四
傍不肯 … 一四四
芋梗治蜂毒 … 一四五

卷十七·杂志二 … 一四七

胆矾炼铜 … 一四八
江湖不遇风之术 … 一四八
大蓟 … 一四九
契丹语入诗 … 一五〇
清节 … 一五一
"天子请客" … 一五一
边州木图 … 一五四

卷十八·药议 … 一五五

人体消化道与饮食药物吸收 … 一五六

梦溪笔谈

卷一·故事

郊庙册文

上亲郊庙，册文皆曰"恭荐岁事。"先景灵宫，谓之"朝献"；次太庙，谓之"朝飨"；末乃有事于南郊。予集《郊式》时，曾预讨论，常疑其次序：若先为尊，则郊不应在庙后；若后为尊，则景灵宫不应在太庙之先。求其所从来，盖有所因。按唐故事，凡有事于上帝，则百神皆预遣使祭告，唯太清宫、太庙则皇帝亲行。其册祝皆曰："取某月某日，有事于某所，不敢不告。"宫庙谓之"奏告"，余皆谓之"祭告"，唯有事于南郊方为正祠。至天宝九载，乃诏曰："'告'者，上告下之词。今后太清宫宜称'朝献'，太庙称'朝飨'。"自此遂失"奏告"之名，册文皆为正祠。

君王祭天

【译文】

皇上亲自到南郊参加祭天和祭祖大典时，记录在典册上的祈福文字都为"恭荐岁事"。皇上首先到景灵宫进行祭祀，称作"朝献"；之后再到太庙进行祭祖，称作"朝飨"；最后才到南郊祭天。我在编写《南郊式》时曾参加了讨论，总是怀疑上述三项祭祀活动的先后次序是否正确：倘若最受敬重者要最先祭拜,那南郊的祭天则不应该排在太庙的祭祖之后进行;倘若最受敬重者最后才祭拜,那景灵宫的祭祀则不应该排在太庙的祭祖之前进行。经过考察我得知,这种祭祀顺序之所以如此是有原因的。按照唐朝旧制的规定,祭天前,朝廷会派遣使者到各个神庙进行祭祀,唯独太清宫和太庙的祭祀皇上才会亲自参加。所有记录祭祀的典册文字都称:"皇上于某月某日到某处祭祀,虔诚地对神灵进行祷告。"太清宫和太庙的祭祀活动被称作"奏告",其他各神庙的祭祀活动则被称为"祭告",唯有南郊的祭祀才是正式的祭祀大典。天宝九年,皇上颁布诏书称:"'告'原本是位高者对位低者的谈话用语。以后太清宫的祭祀应称作'朝献',太庙的祭祀称作'朝飨'。"那以后,就不再有"奏告"之名了,太清宫和太庙祭祀活动中典册的祈祷文字就与南郊祭祀相同了。

翰林之称

　　唐翰林院在禁中,乃人主燕居之所,玉堂、承明、金銮殿皆在其间。应供奉之人,自学士已下,工伎群官司隶籍其间者,皆称翰林,如今之翰林医官、翰林待诏之类是也。唯翰林茶酒司止称翰林司,盖相承阙文。

【译文】

　　唐朝时,翰林院设在皇宫内,是皇上日常起居的地方,玉堂殿、承明

翰林学士

殿和金銮殿都在翰林院的周围。翰林院中的所有人，从学士以下，甚至从事各种技艺的人员，凡是隶属本院的，都可称之为翰林，例如今天所说的翰林医官、翰林待诏等等都是如此。唯独翰林茶酒司为一例外，今天只被称作翰林司，这是由于沿袭旧时的习俗时省略了"茶酒"二字。

学士宣召

唐制，自宰相而下，初命皆无宣召之礼，惟学士宣召。盖学士院在禁中，非内臣宣召，无因得入。故院门别设复门，亦以其通禁庭也。又学士院北扉者，为其在浴堂之南，便于应召。今学士初拜，自东华门入，至左承天门下马待诏，院吏自左承天门双引至阁门，此亦用唐故事也。唐宣召学士自东门入者，彼时学士院在西掖，故自翰林院东门赴召，非若今之东华门也。至如挽铃故事，亦缘其在禁中，虽学士院吏亦止于玉堂门外，则其严密可知。如今学士院在外，与诸司无异，亦设铃索，悉皆文具故事而已。

【译文】

唐朝制度规定，朝廷新任命宰相以下的官员时，不需要有皇帝下旨宣布其入职的礼节，独有学士是需皇帝下旨宣布其入职的。这是因为学士院位于皇宫里面，皇上若不派人宣旨，学士就不能入宫就职。所以学士院还设有侧门，以便连接皇上的宫室。学士院位于浴堂的南面，因此又设有北门，以便出门应召。如今新入职的学士需从东华门进入学士院，到左承天门后下马等待诏命，再由两名院吏带到东面的阁门，这都是沿用唐朝的旧制。不同的是，唐朝传召学士时，学士需从东门入院听召，因为当时学士院位于西掖门，所以要从学士院的东门进入院中应召，而不是像现在，从东华门入院。至于唐朝时学士院设有铃索一事，也是因其位于宫中，即便是学士院中的院吏也只能在玉堂门外活动，可见其严密程度之深。如今，学士院设在皇宫外面，与其他各机构并无异处，却仍设有铃索，都只是空有形式罢了。

玉堂故事

　　学士院玉堂，太宗皇帝曾亲幸，至今唯学士上日许正坐，他日皆不敢独坐。故事，堂中设视草台，每草制，则具衣冠据台而坐。今不复如此，但存空台而已。玉堂东承旨阁子，窗格上有火燃处。太宗尝夜幸玉堂，苏易简为学士，已寝遽起，无烛具衣冠，宫嫔自窗格引烛入照之。至今不欲更易，以为玉堂一盛事。

【译文】

　　学士院的玉堂，太宗皇帝曾经亲自驾临。到今天，学士也只有在上任之日才被允许坐在堂中的正座上，其他时候都不敢自作主张坐上去。按照旧制,玉堂中设有视草台,学士每次起草诏制都需穿戴好衣冠,依台而坐。如今已不再如此,只留有一个空台子。玉堂的东边是学士接旨的阁子,阁子的窗格上有被火烧过的痕迹。那是因为一次太宗夜访玉堂,时任学士的苏易简已经睡下,便又急忙起床,但没有烛火照着穿戴衣冠,太宗的随从宫女便将蜡烛从窗格伸进堂内为他照明,使得窗格被烧。学士院至今也不想更换这扇窗格,认为它象征着玉堂的一件盛事。

中国衣冠用胡服

身着胡服之人

中国衣冠,自北齐以来,乃全用胡服。窄袖绯绿短衣,长靿靴,有蹀躞带,皆胡服也。窄袖利于驰射,短衣长靿皆便于涉草。胡人乐茂草,常寝处其间,予使北时皆见之,虽王庭亦在深荐中。予至胡庭日,新雨过,涉草,衣袴皆濡,唯胡人都无所沾。带衣所垂蹀躞,盖欲佩带弓剑、帉帨、算囊、刀砺之类。自后虽去蹀躞,而犹存其环。环所以衔蹀躞,如马之鞦根,即今之带銙也。天子必以十三环为节,唐武德、正观时犹尔。开元之后,虽仍旧俗,而稍襃博矣。然带钩尚穿带本为孔，本朝加顺折，茂人文也。

【译文】

中国的衣服和帽子，从北齐开始便都采用胡人的样式。窄袖的红色和绿色的短上衣，长筒皮靴，装有蹀躞的腰带，全都是胡人的服饰。衣袖窄利于骑马射击，短上衣和长筒靴都利于在草地上行走。胡人喜欢茂盛的草地，故而经常在草地上居住。我出使北方时曾见过这种情景，在那里，即便是胡人的王族也居住在深深的草地中。我到达胡人王庭那天，刚下过一场雨，走过草地后衣服和裤子都湿了，唯有胡人的衣服却一点儿都没有被沾湿。他们腰带上垂下来的蹀躞，大概是用来佩带弓剑、手巾、算囊、刀子和磨石之类的东西的。胡人后来虽然去掉了蹀躞，但仍保留着蹀躞的环。环原是用来系挂蹀躞的，就像套车时拴马腿的皮带上的环，也就是今天腰带上的装饰。天子的腰带必须以十三环分节，唐朝的武德和贞观年间即是如此。开元后，虽沿袭了旧时风俗，但腰带已变得宽松，不过腰带上的金属钩还是须穿孔固定在腰带前的。如今本朝又规定在腰带上加上区分等级的垂头，这样的话，文明礼制的色彩就更浓厚了。

百官见宰相

百官见宰相

百官于中书见宰相,九卿而下,即省吏高声唱一声"屈躬",趋而入。宰相揖及进茶,皆抗声赞喝,谓之"屈揖"。待制以上见,则言"请某官",更不屈揖,临退仍进汤。皆于席南横设百官之位,升朝则坐,京官以下皆立。后殿引臣寮,则待制已上宣名拜舞;庶官但赞拜,不宣名,不舞蹈。中书略贵,示与之抗也;上前则略微者,杀礼也。

【译文】

朝中百官都要在中书省拜见宰相。中书省的官吏大喊一声"屈躬",九卿以下的官员则可快步进入其中。宰相向来者作揖并进茶(来者还揖),官吏在一旁高喊"屈揖"。若待制以上的官员前来拜见,官吏则只说"请某官",来者更不用行屈揖之礼,官吏则要不停地上茶直到会见结束。每次会见,都要在宰

相席位的南面铺设百官的席位，晋见者若为能够上朝的官员就可就座，若为京官以下级别就只能站立。皇上在后殿接见官员大臣，来者若为待制以上的官员则自报姓名官职并挥手行叩拜之礼；若为普通官员则只行叩拜之礼，无须自报姓名官职，亦无须挥手。到中书省晋见宰相的拜见礼相对简约，略显出了宰相对来者的尊重，表示宰相和百官无等级之分；而到后殿拜见皇上的礼仪则比较繁复，显得来者身份卑微，这是按照礼仪制度降低身份等级的做法。

雌黄改字

馆阁新书净本有误书处，以雌黄涂之。尝校改字之法，刮洗则伤纸，纸贴之又易脱；粉涂则字不没，涂数遍方能漫灭。唯雌黄一漫则灭，仍久而不脱。古人谓之铅黄，盖用之有素矣。

【译文】

馆阁中重新抄写校对的新书定本上若有书写错误之处，就用雌黄擦涂错字。我曾将各种改字的方法加以比较：用刀刮掉错字会刮破纸张；在错字上贴纸容易掉落；用铅粉涂字不容易将字盖住，要涂很多遍才能将其完全掩盖。唯有用雌黄一涂，错字就被盖住了，并且长时间也不会脱落。古人称铅粉为"铅黄"，大概雌黄的这种用途早就有了。

五司厅

予为鄜延经略使日,新一厅,谓之五司厅。延州正厅乃都督厅,治延州事;五司厅治鄜延路军事,如唐之使院也。五司者,经略、安抚、总管、节度、观察也。唐制,方镇皆带节度、观察、处置三使。今节度之职多归总管司,观察归安抚司,处置归经略司。其节度、观察两案并支掌、推官、判官,今皆治州事而已。经略、安抚司不置佐官,以帅权不可更不专也。都总管、副总管、钤辖、都监同签书,而皆受经略使节制。

【译文】

我在鄜延担任经略使时设了一个办事厅,取名五司厅。鄜延的正厅是都督厅,负责治理鄜延的政务;五司厅则负责治理军务,其职能如同唐朝军事人员的办事机构。五司分别指经略司、安抚司、总管司、节度司和观察司。唐朝时,地方官员都兼任节度使、观察使和处置使三职。如今节度使的职权大都包含在总管司权力范围内,观察使的职权包含在安抚司内,处置使的职权则包含在经略司内。节度和观察两司及其下属的支掌、推官和判官等职,如今的职能都只限于整治州的事务。经略司和安抚司不设置辅佐的官职,因为军权必须集中。都总管、副总管、钤辖和都监虽然都签署了文书,但都要受经略使的管制。

馆阁藏书

前世藏书，分隶数处，盖防水火散亡也。今三馆、秘阁，凡四处藏书，然同在崇文院。其间官书多为人盗窃，士大夫家往往得之。嘉祐中，置编校官八员，杂雠四馆书，给吏百人，悉以黄纸为大册写之，自此私家不敢辄藏。校雠累年，仅能终昭文一馆之书而罢。

【译文】

以前国家的藏书都分布在多个地方，这样做大概是为了防止发生水灾或火灾时书籍丢失。如今三馆和秘阁的藏书一共分四处存放，但此四处都在崇文院内。其间若藏书被人偷走，往往也可在士大夫家里找到副本。嘉祐年间，朝廷增设了八名负责编辑校对书籍的官员，对史馆、昭文馆、集贤馆和秘阁四处的书籍进行校对，并分配了数百名官吏用黄纸将校对好了的书抄写装订成大册书，从此私人家中再不敢藏书。这次校对时间虽持续了许多年，但最终只校对完昭文馆一个馆的书籍就停止了。

贡举礼数轻重

礼部贡院试进士日，设香案于阶前，主司与举人对拜，此唐故事也。

所坐设位供张甚盛,有司具茶汤饮浆。至试学究,则悉彻帐幕毡席之类,亦无茶汤,渴则饮砚水,人人皆黔其吻。非故欲困之,乃防毡幕及供应人私传所试经义。盖尝有败者,故事为之防。欧文忠有诗:"焚香礼进士,彻幕待经生。"以为礼数重轻如此,其实自有谓也。

【译文】

礼部贡院举办进士考试的时候,会在台阶前摆设香案,主考官和应试者对拜,这是唐朝的旧制。应试者座位上的物品和摆设十分丰富,相关机构还准备了茶水和饮品。举办学究的考试时,那些帷帐、幕布、毡席等物品则全部被撤走,也没有茶水供应,应试者口渴了只能喝用来研磨的水,以致所有人的嘴巴都成了黑色。这样做并不是故意刁难考生,而是防止有人用毡席和幕布作弊或者和送茶水的人偷偷递送要考的经义内容。以前有人这样做但败露了,所以须事先做好防备。欧阳文忠公曾写诗云:"焚香礼进士,彻幕待经生。"认为对待两种考试考生的礼数轻重竟然如此不同,但其实是有原因的。

王俊民为状元

嘉祐中，进士奏名讫，未御试，京师妄传王俊民为状元，不知言之所起，人亦莫知俊民为何人。及御试，王荆公时为知制诰，与天章阁待制杨乐道二人为详定官。旧制，御试举人设初考官，先定等第；复弥之，以送覆考官，再定等第；乃付详定官，发初考官所定等，以对覆考之等，如同即已，不同则详其程文，当从初考或从覆考为定，即不得别立等。是时王荆公以初、覆考所定第一人皆未允当，于行间别取一人为状首；杨乐道守法，以为不可。议论未决，太常少卿朱从道时为封弥官，闻之，谓同舍曰："二公何用力争？从道十日前已闻王俊民为状元。事必前定，二公徒自苦耳。"既而二人各以己意进禀，而诏从荆公之请。及发封，乃王俊民也。详定官得别立等自此始，遂为定制。

【译文】

嘉祐年间，有一次礼部贡院将进士名单呈送给皇上，此时殿试还没有举行，但京城里已经有传言说王俊民将中状元。这一谣言不知是从哪里传出的，人们也并不知道王俊民是谁。殿试时，时任知制诰的王荆公和时任天章阁待制的杨乐道两人为详定官。旧制规定，举人殿试后应安排初考官先阅卷，确定合格者的名单及名次；再将考卷密封起来送给覆考官审阅，由覆考官再定名次；之后交给详定官，由详定官拆看初考官确定的名次并同覆考官确定的名次相对照。二者相同便可确定名次；如若不同，详定官则需再次审阅试卷，或按初考官所定名次，或按覆考官所定名次来确定最终的名次等级，不得另外确定名次。当时王荆公认为初考官和覆考官确定的第一名都不恰当，想从名单上另找一人做状元；杨乐道却坚持惯例，认为这样做不合适，二人争执无果。太常少卿朱从道时任封弥官，听说此事后对其同僚说："二公何必争执，十天前我就听说王俊民将为状元。这件事必然是事先就定好了的，二公再争执也只是自讨苦吃而已。"不久二人都将自己的建议禀告给皇上，皇上下诏采纳了王荆公的建议。发榜时，王俊民果然中了状元。这次以后，详定官可以另立名次的做法便成了固定制度。

三司使班次

三司使班在翰林学士之上。旧制，权使即与正同，故三司使结衔皆在官职之上。庆历中，叶道卿为权三司使，执政有欲抑道卿者，降敕时移权三司使在职下结衔，遂立翰林学士之下，至今为例。后尝有人论列，结衔虽依旧，而权三司初除，阁门取旨，间有叙学士上者，然不为定例。

【译文】

三司使的官级本来排在翰林学士之上。按照以前的规定，权使（代理）公事的三司使和正式任命的三司使的职责是相同的，所以"三司使"三字放在"权使公事"前面。庆历年间，叶道卿时任权三司使，当时执政官员中有人想压制叶道卿,所以在颁布叶道卿的任命敕书时将"三司使"三字放在了"权"字后面,成了"权三司使",官级也排到了翰林学士之下,这一定制一直延续到今天。后来有人曾上奏讨论此事,慢慢地,"权三司使"的头衔虽然没有改变,但新权三司使被任命时需到阁门领旨,其官级有时也会排在翰林学士之上,但这都不是定例。

宗子授南班官

宗子授南班官,世传王文正太尉为宰相日始开此议,不然也。故事,宗子无迁官法,唯遇稀旷大庆则普迁一官。景祐中,初定祖宗并配南郊,宗室欲缘大礼乞推恩,使诸王宫教授刁约草表上闻。后约见丞相王沂公,公问前日宗室乞迁官表何人所为。约未测其意,答以不知。归而思之,恐事穷且得罪,乃再诣相府。沂公问之如前,约愈恐,不复敢隐,遂以实对。公曰:"无他,但爱其文词耳。"再三嘉奖。徐曰:"已得旨别有措置,更数日当有指挥。"自此遂有南班之授。近属自初除小将军,凡七迁则为节度使,遂为定制。诸宗子以千缣谢约,约辞不敢受。予与刁亲旧,刁尝出表藁以示予。

【译文】

传说皇族子弟被授予南班官的头衔是王文正做宰相时提议的,然而事实并非如此。旧制规定,皇室子弟的官位不能升迁,只有遇上少有的极盛

仁宗授南班官

大的庆典时才会一概都提升一级。景祐年间,朝廷第一次确定了在南郊祭祀天地时要一同祭祀祖先的制度,皇室子弟想借这次祭祀大典请求升迁官位,便让诸王宫教授刁约起草了奏章呈送给皇上。事后,刁约去拜见宰相王沂公,沂公问他皇族子弟请求升迁的奏章是谁写的,刁约不知道沂公为何要问此事,便说不知道。回来后,刁约细想此事,担心事情被查出来后会被治罪,便又去了宰相府。这次沂公还是和上次一样问他,刁约更加觉得惊恐,不敢再欺瞒,便照实回答。沂公说:"我并无他意,只是喜欢奏章的文辞而已。"他反复夸奖后又慢慢说道:"我已经得到了皇上的旨意,皇上另有安排,过几天朝廷的诏令就会下来了。"从此便有了皇族子弟被授予南班官的定例。皇族子弟最初被授予官位低微的将军,七次升迁后官至节度使,这已成了定制。各宗室子弟用上千匹绢布感谢刁约,刁约都推辞不敢接受。我和刁约是亲戚,有交情,他曾拿那篇奏章的草稿给我看过。

直官与兼官

唐制,官序未至而以他官权摄者为直官,如许敬宗为直记室是也。国朝，学士、舍人皆置直院。熙宁中复置直舍人学士院，但以资浅者为之，其实正官也。熙宁六年，舍人皆迁罢，阁下无人，乃以章子平权知制诰；而不除直院者，以其暂摄也。古之兼官多是暂时摄领，有长兼者即同正官。予家藏《海陵王墓志》，谢朓文，称"兼中书侍郎"。

【译文】

唐朝制度规定，若官职未到达可以担任某项职务的等级，而以其他的官职暂时代理该项职务的官员都称作"直官"，例如许敬宗曾为"直记室"。本朝制度规定，学士院和舍人院都设置直院官一职。熙宁年间，朝廷曾又设置了直舍人学士院一职，只派资质浅的人担任，实际上就是正式的直院官。熙宁六年，舍人都因升迁或被罢免而离开，舍人院里一时没有了官员，朝廷便派章子平代理行使知制诰的职务，之所以不正式任命他做直院官是因为他只是行代理一职。古时的兼官大都是代理，有些代理时间长的就如同正式的一样。我家里收藏着《海陵王墓志》，是尚书吏部郎谢朓写的，其署名就写着"兼中书侍郎"。

赐"功臣"号

赐"功臣"号，始于唐德宗奉天之役。自后藩镇下至从军，资深者例赐"功臣"。本朝唯以赐将相。熙宁中，因上皇帝尊号，宰相率同列面请三四，上终不允，曰："徽号正如卿等'功臣'，何补名实？"是时吴正

宪为首相,乃请止"功臣"号,从之。自是群臣相继请罢,遂不复赐。

天子赏赐

【译文】

皇上赐予大臣"功臣"称号的做法开始于唐德宗奉天战役之时。从那以后,自藩镇往下到从军,资历深的大臣都按例被赐予了"功臣"的称号。本朝只授予将相"功臣"的称谓。熙宁年间,按照规定应给皇上加尊号,宰相带领朝中同僚当面向皇上再三请示,神宗却始终没有答应,说道:"我的徽号和你们的'功臣'称谓一样,对名和实有什么益处呢?"当时吴正宪为宰相,他请求撤销自己的"功臣"称号,皇上答应了他。此后大臣们都相继请求撤销"功臣"的称号,从此朝廷便不再赐大臣"功臣"称号了。

卷二·辩证

钧石之石

　　钧石之石，五权之名，石重百二十斤。后人以一斛为一石，自汉已如此，"饮酒一石不乱"是也。挽蹶弓弩，古人以钧石率之；今人乃以粳米一斛之重为一石，凡石者以九十二斤半为法，乃汉秤三百四十一斤也。今之武卒蹶弩，有及九石者，计其力乃古之二十五石，比魏之武卒，人当二人有余；弓有挽三石者，乃古之三十四钧，比颜高之弓，人当五人有余。此皆近岁教养所成，以至击刺驰射皆尽夷夏之术，器杖铠胄极今古之工巧。武备之盛，前世未有其比。

驰马射箭

【译文】

　　钧石的石是五种重量单位之一，每石的重量为一百二十斤。后人将一斛等同于一石，这种做法从汉代就开始了，例如"饮酒一石不乱"中的一石就是一斛。古人用钧和石作为计算拉弓踏弩时所用力量的单位；如今人们以一斛粳米的重量作为一石，每石的标准重量为九十二斤半，相当于汉朝秤的三百四十一斤。今天，有的武士踏弩，可达九石，换算成力量，相当于古时的二十五石,与魏国的武士相比,今天一人的力气比当时两人的合力还要大;有些武士拉弓,力量可达三石,相当于古时的三十四钧,与鲁国的颜高相比,一个人比他五个人的力气还要大。这都是近年来训练培养的结果,所以击打、刺杀、驰马、射击等都达到了东夷和华夏民族的最高水平,武器和盔甲也是古今最为精巧的。我朝军备武器的丰富精良,前世没有一个朝代能比得上。

阳燧照物

阳燧照物皆倒,中间有碍故也,算家谓之格术。如人摇橹,臬为之碍故也。若鸢飞空中,其影随鸢而移,或中间为窗隙所束,则影与鸢遂相违,鸢东则影西,鸢西则影东。又如窗隙中楼塔之影,中间为窗所束,亦皆倒垂,与阳燧一也。阳燧面洼,以一指迫而照之则正,渐远则无所见,过此遂倒。其无所见处,正如窗隙、橹臬,腰鼓碍之,本末相格,遂成摇橹之势。故举手则影愈下,下手则影愈上,此其可见。(阳燧面洼,向日照之,光皆聚向内。离镜一二寸,光聚为一点,大如麻、菽,著物则火发,此则腰鼓最细处也。)岂特物为然,人亦如是,中间不为物碍者鲜矣。小则利害相易,是非相反;大则以己为物,以物为己。不求去碍,而欲见不颠倒,难矣哉!(《酉阳杂俎》谓"海翻则塔影倒",此妄说也。影入窗隙则倒。乃其常理。)

【译文】

　　用凹面铜镜照物，物体所成的像是倒立的，这是因为物体和影子之间有障碍，算术家将这一现象称之为格术。譬如要想向前行船需向后摇橹，就是因为支撑橹的木桩是障碍。又如鹞鹰在空中飞翔，它的影子也随着移动，假如鹞鹰和其影子之间有窗孔做障碍，那鹞鹰和影子就会背道而驰，鹞鹰飞向东影子则向西，鹞鹰飞向西影子则向东。再如楼塔的影子从窗孔中透过，中间有窗孔为障碍，影子也是倒立的，与铜镜照出的倒像是一样的。铜镜的镜面是凹的，将一根手指靠近镜面照射，所成的手指像是正的；若将手指逐渐离开镜面到某一特定位置时，镜中就看不到手指的像了；再远离镜面，便出现了倒立的手指像。那个看不到手指像的特定位置，就好比窗孔和支撑橹的阜，是腰鼓的细腰处，也就是障碍。它让物体和物象颠倒，从而形成摇橹时橹的上下两端相背离的现象。因此用铜镜照手指时，手指越靠上，影子就越靠下，反之亦然，这一现象是我们能看见的。（铜镜是凹的，将镜面正对阳光，光线就都聚集到了凹面的中心。在距离镜面约一二寸处，光线聚集成一个和芝麻、大豆一样大的点，将此点照射到物品上，物品就会燃烧，此点就好比腰鼓最细的细腰处。）岂止物体是这样，人也如此，人与人之间不被障碍阻隔的情况是很少有的。障碍小则会造成利害关系颠倒，是非混淆；障碍大则会将自己当作物体，将物体当作自己。我们不求能够去除障碍，只希望所见的不至颠倒，这真是太难了！（《酉阳杂俎》称"海翻则塔影倒"，这是不正确的说法。影子透过窗孔会颠倒，这才是常理。）

解州盐泽

　　解州盐泽，方百二十里。久雨，四山之水悉注其中，未尝溢；大旱，未尝涸。卤色正赤，在版泉之下，俚俗谓之"蚩尤血"。唯中间有一泉，乃是甘泉，得此水然后可以聚人。其北有尧梢（音消）水，一谓之巫咸河。大卤之水，不得甘泉和之，不能成盐；唯巫咸水入，则盐不复结，故人谓之"无咸河"，为盐泽之患，筑大堤以防之，甚于备寇盗。原其理，盖巫咸乃浊水，入卤中则淤淀卤脉，盐遂不成，非有他异也。

【译文】

　　解州的盐池方圆一百二十里。雨下得时间久了，四周山里的水就都流到了盐池中，但盐池的水从未溢出过；大旱无雨的时候，盐池也未曾枯竭过。盐池中的盐水是纯正的红色，因盐池位于阪泉山下，故俗称此盐水为"蚩尤血"。盐池的中间有一眼泉水，是淡水泉，正是由于此泉人们才能在此居住。盐池北面是尧梢河，又名巫咸河。浓度极高的咸水若不与淡水泉中的水相混合，是不能结出食盐的。唯有当巫咸河的水流入，盐池中的咸水便不再结晶，因此人们又称巫咸河为"无咸河"，认为它是盐池的祸患，筑起了一道大堤堵住了它，对它的防范力度比防强盗和盗贼还要强。探究其中的原因，大概是因为巫咸河的水很浑浊，和咸水混合后会沉淀，从而堵塞了咸水的上流，使咸水的浓度降低以至无法结晶，并没有其他特殊的缘由。

藏书辟蠹用芸

菖蒲

古人藏书,辟蠹用芸。芸,香草也,今人谓之七里香者是也。叶类豌豆,作小丛生,其叶极芬香。秋后叶间微白,如粉污,辟蠹殊验;南人采置席下,能去蚤虱。予判昭文馆时,曾得数株于潞公家,移植秘阁后,今不复有存者。香草之类,大率多异名。所谓兰荪,荪即今菖蒲是也;蕙,今零陵香是也;茝,今白芷是也。

【译文】

古人藏书,用芸草来防蛀虫。芸草是种香草,即今天人们所说的七里香。其叶与豌豆的叶子相似,小丛生长,叶子十分芳香。秋天过后叶子会微现白色,就像被白粉染过,用其来防虫十分奏效。南方人将其采来放到席子下面,能够驱除跳蚤和虱子。我在昭文馆任职时,曾从潞公家得了几株,将其栽种在秘阁后面,现在已经不复存在了。香草类植物大都有很多名字,比如兰荪就是今天所说的菖蒲;蕙就是今天所说的零陵香;而茝则是今天所说的白芷。

玄为赤黑色

世以玄为浅黑色，璊为赭玉，皆不然也。玄乃赤黑色，燕羽是也，故谓之玄鸟。熙宁中，京师贵人戚里多衣深紫色，谓之黑紫，与皂相乱，几不可分，乃所谓玄也。璊，赭色也，"毳衣如璊"（音门）。稷之璊色者谓之穈。（穈字音门，以其色命之也。《诗》"有穈有芑"，今秦人音糜，声之讹也。）穈色在朱黄之间，似乎赭，极光莹，掬之粲泽，熠熠如赤珠。此自是一色，似赭非赭。盖所谓"璊"，色名也，而从玉，以其赭而泽，故以谕之也；犹"鹝"以色名而从鸟，以鸟色谕之也。

【译文】

世人都认为玄是浅黑色的，璊是赭色的玉，这都是错误的。玄实际是赤黑色的，燕子的羽毛就是这个颜色，所以燕子又称玄鸟。熙宁年间，京城里的富贵人家和皇亲国戚们大都穿深紫色的衣服，被称为黑紫，这种颜色与黑色混在一起，几乎分辨不出来，这也就是所说的玄色。璊是赭色，因此《诗经》说"毳衣如璊"。有种稷的颜色是璊，此稷名穈。（"穈"字读作"门"，是用颜色命名的。《诗经》云"有穈有芑"，如今秦人将"穈"读作"糜"，这是读音的讹传。）穈的颜色介于朱色和黄色之间，和赭色很像，且极为光亮晶莹，捧在手中会有光泽，熠熠发光如同赤色的宝珠一般。穈色自成一色，与赭相似但非赭。人们所说的璊，大概是一种颜色，此字以"玉"为偏旁部首，是因为其颜色与赭相似又有光泽，所以将其比喻成玉。这就好比"鹕"也是一种颜色，因其以"鸟"为偏旁部首，故而将其比喻成这种鸟的颜色。

炼 钢

世间锻铁，所谓钢铁者，用柔铁屈盘之，乃以生铁陷其间，泥封炼之，锻令相入，谓之团钢，亦谓之灌钢。此乃伪钢耳，暂假生铁以为坚，二三炼则生铁自熟，仍是柔铁。然而天下莫以为非者，盖未识真钢耳。予出使至磁州锻坊观炼铁，方识真钢。凡铁之有钢者，如面中有筋，濯尽柔面则面筋乃见。炼钢亦然，但取精铁锻之百余火，每锻称之，一锻一轻，至累锻而斤两不减，则纯钢也，虽百炼不耗矣。此乃铁之精纯者，其色清明，磨莹之则黯黯然青且黑，与常铁迥异。亦有炼之至尽而全无钢者，皆系地之所产。

【译文】

世人打铁所说的钢铁，是先将熟铁卷起来，在中间的洞内插入生铁，用泥将其包起来进行冶炼，之后再进行锻打，使二者相互渗入最后形成钢，这种钢叫作团钢，也叫灌钢。其实这是假钢，只是借生铁来加强熟铁的硬度，冶炼两三次后生铁就会变成熟铁，最后得到的还是柔软的熟铁。但世人都不认为这种方法不对，大概是因为都没有见过真钢。我曾在出使磁州时，到锻造坊观看炼铁，才见识了什么是真钢。凡是里面含有钢的铁,就好比面团中含有面筋,只有将表面的软面洗干净了才能看见里面的面筋。炼钢也是如此,只需拿精铁锻打百余火,每打完一次就称一下重量,打一次就会轻一回,一直到多次锻打后重量都不再减少,剩下的就是纯钢了,而到了这时即使再烧炼一百次也不会有耗损。这才是最最精纯的铁,色泽清澈明亮,打磨后又偏暗,颜色青且黑,明显不同于寻常的铁。有些铁炼完了也没有钢,这是由于其产地的原因。

古说济水伏流地中

古说济水伏流地中。今历下凡发地皆是流水,世传济水经过其下。东阿亦济水所经,取井水煮胶,谓之阿胶。用搅浊水则清;人服之,下膈、疏痰、止吐。皆取济水性趣下,清而重,故以治淤浊及逆上之疾。今医方不载此意。

【译文】

以前有种说法认为济水虽然从陆地上消失了,实际上它是隐藏在地下流动。今天历下地区只要挖地就能挖出流水,人们相传是因为济水从其地下流过。东阿地区也有济水流经,那里的人

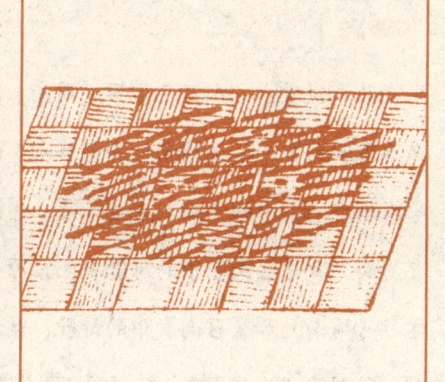

阿胶

们提取井水熬煮驴皮取胶，取名阿胶。用阿胶搅浑水，浑水会变清；人取阿胶服用，则能止膈、祛痰、止吐，这都是借用了济水能趋下的性质。济水清而重，可以用来治疗积食呕吐、不能通下等类疾病。如今医师的药方里已没有这样的记载了。

"南"为乐名

"人而不为《周南》、《召南》，其犹正墙面而立也。"《周南》、《召南》，乐名也，"胥鼓南"、"以雅以南"是也。《关雎》、《鹊巢》，"二南"之诗而已，有乐有舞焉。学者之事，其始也学《周南》、《召南》，末至于舞《大夏》、《大武》。所谓"为《周南》、《召南》"者，不独诵其诗而已。

【译文】

孔子说过："人若不学习《周南》、《召南》，就好比面向墙壁站立（什么都看不到）。"《周南》和《召南》的"南"都是音乐名称。"胥鼓南"和"以雅以南"中的"南"也是如此。《诗经》中的《关雎》和《鹊巢》都只是《周南》和《召南》中的诗歌而已，原来是配有音乐和舞蹈的。愿学者起初要学习《周南》和《召南》中的诗歌，最后要能学会《大夏》和《大武》中的舞蹈。所谓的"为《周南》、《召南》"绝不仅是诵读诗篇这么简单。

"野马"为田野间浮气

《庄子》言"野马也,尘埃也",乃是两物。古人即谓"野马"为尘埃,如吴融云"动梁间之野马",又韩偓云"窗里日光飞野马",皆以尘为"野马",恐不然也。"野马"乃田野间浮气耳。远望如群马,又如水波,佛书谓如热时"野马阳焰",即此物也。

【译文】

《庄子》云"野马也,尘埃也",这实际上指的是两种物质。先前有人认为"野马"亦即尘埃,比如吴融曾说"动梁间之野马",又如韩偓也说"窗里日光飞野马",都将尘埃看作是"野马",实际情况恐怕并非如此。"野马"实为田野里的浮气,远远望去形同野马,又如同水波。佛书称天气炎热时的"阳光的火焰"好比"野马",指的也是此物。

桂屑除草

《杨文公谈苑》记江南后主患清暑阁前草生,徐锴令以桂屑布砖缝中,宿草尽死,谓《吕氏春秋》云"桂枝之下无杂木",盖桂枝味辛螫故也。然桂之杀草木,自是其性,不为辛螫也。《雷公炮炙论》云:"以桂为丁,以钉木中,其木即死。"一丁至微,未必能螫大木,自其性相制耳。

【译文】

据《杨文公谈苑》记载,南唐后主对于清暑阁前长草一事十分厌恶,徐锴便命人将桂树树枝的碎屑撒到清暑阁地上的砖缝里,生长多年的野草就都死了。徐锴说《吕氏春秋》称"桂枝之下无杂木",大概是因为桂枝的气味可以将草木毒死。然而桂树能杀死草木的原因却并非如此,实际上是由于它本身的特性而不是因为气味。《雷公炮炙论》称:"将桂枝切成丁状钉在其他树木上,那棵树就会死掉。"一个桂枝丁是很小的,其气味不一定能将大树毒死,自然是因为它的习性与其他的草木相克罢了。

除官之"除"

除拜官职谓除其旧籍,不然也。"除"犹"易"也,以新易旧曰"除",如新旧岁之交谓之"岁除"。《易》"除戎器,戒不虞",以新易弊,所以备不虞也。阶谓之"除"者,自下而上,亦更易之义。

【译文】

世人认为"除拜官职"的"除"是解除原职之意,这是不正确的。此处的"除"意同交换的"易",即用新的代替旧的叫"除",例如新年和旧年之交的那天就叫作"岁除"。《易经》称"除戎器,戒不虞",其意即为用新兵器换下旧兵器,为意料之外的事做好准备。台阶之所以被称作"除",也是因为走台阶要从下到上,含有更换代替之意。

钱陌之"陌"

今之数钱,百钱谓之"陌"者,借"陌"字用之,其实只是"佰"字,如"什"与"伍"耳。唐自皇甫镈为垫钱法,至昭宗末乃定八十为陌。汉隐帝时,三司使王章每出官钱,又减三钱,以七十七为陌,输官仍用八十。至今输官钱有用八十陌者。

【译文】

今天我们计算钱币的数量时,将每一百钱称为"陌"。这只是借用"陌"字,实际还是应该用"佰"字,这和十钱用"什"字和五钱用"伍"字是一样的。唐朝从皇甫镈起开始实行垫钱法,到了昭宗末年,规定八十钱为一陌。后汉隐帝时期,三司使王章每次支出官府钱币的时候又将每陌减少三钱,变成七十七钱为一陌,而输入官府的钱币仍以八十钱为一陌。直到今天,输入官府的钱币也仍有按八十钱为一陌计算的。

李白作《蜀道难》

前史称严武为剑南节度使放肆不法,李白为之作《蜀道难》。按孟棨所记,白初至京师,贺知章闻其名,首诣之;白出《蜀道难》,读未毕,称叹数四。时乃天宝初也。此时白已作《蜀道难》,严武为剑南乃在至德以后肃宗时,年代甚远。盖小说所记,各得于一时见闻,本末不相知,率多舛误,皆此文之类。李白集中称刺章仇兼琼,与《唐书》所载不同,此《唐书》误也。

【译文】

《新唐书》称,严武当剑南节度使时,行为放荡不羁,李白因此写了《蜀道难》来讥斥他。按照孟棨所著《本事诗》的记载,李白刚到京都时,贺知章听闻其名,第一个前去拜访;李白拿出《蜀道难》给他看,贺知章还没有读完就已称赞三四次了。当时是天宝初年,那时李白已完成《蜀道难》,而严武做剑南节度使则是在至德后的唐肃宗时期,两者年代相距很远。大概小说中的记载,都是来源于某一时的所见所闻,事情的原委并不清楚,所以多有错误,就像这种记载一样。李白文集中称《蜀道难》是讽刺章仇兼琼的,和《新唐书》所记的不一样,应是《新唐书》记错了。

卷三·乐律

羯鼓

吾闻《羯鼓录》序羯鼓之声，云"透空碎远，极异众乐"。唐羯鼓曲，今唯有邠州一父老能之，有《大合蝉》、《滴滴泉》之曲。予在鄜延时，尚闻其声。泾原承受公事杨元孙因奏事回，有旨令召此人赴阙。元孙至邠，而其人已死，羯鼓遗音遂绝。今乐部中所有，但名存而已，"透空碎远"，了无余迹。唐明帝与李龟年论羯鼓，云"杖之弊者四柜"，用力如此，其为艺可知也。

【译文】

我听闻《羯鼓录》对于羯鼓的声音有这样的记载："穿透天空，传得很远，和其他乐器很不一样。"如今只有邠州一位老者能够演奏唐朝的羯鼓曲，曲目有《大合蝉》、《滴滴泉》等。我在鄜延时曾听过他演奏的曲子。泾原承受公事杨元孙入京奏事，回来后传皇上旨意要召这位老者入朝。但杨元孙到达邠州时，老人已经过世了，羯鼓的遗音也随之绝灭了。如今乐班中演奏的羯鼓，只是空有虚名，已经全无"穿透天空，能传得很远"的痕迹。唐明皇曾和李龟年谈论羯鼓，说"敲羯鼓敲坏了的鼓杖能装满四个柜子"，如此用力地练习，可见这种技艺有多么高超。

杖鼓

唐之杖鼓，本谓之两杖鼓，两头皆用杖。今之杖鼓，一头以手拊之，则唐之"汉震第二鼓"也。明帝、宋开府皆善此鼓。其曲多独奏,如鼓笛曲是也。今时杖鼓,常时只是打拍,鲜有专门独奏之妙,古曲悉皆散亡。顷年王师南征,得《黄帝炎》一曲于交趾,乃杖鼓曲也。("炎"或作"盐"。)唐曲有《突厥盐》、《阿鹊盐》,施肩吾诗云"颠狂楚客歌成雪,妩媚吴娘笑是盐",盖当时语也。今杖鼓谱中,有"炎杖声"。

【译文】

唐朝的杖鼓,本名两杖鼓,即鼓的两端都能用鼓杖敲打。如今的杖鼓只能有一端用鼓杖敲,另一端用手拍,这就是唐朝时所说的"汉震第二鼓"。唐明皇和宋璟都很擅长演奏此鼓。杖鼓演奏的曲目大都是独奏曲,如《鼓笛曲》。如今的杖鼓,一般都是用来打节拍的,很少有专门用来独奏的,以前的杖鼓曲也都丢失无存了。当年皇上南征时,在交趾得到的《黄帝炎》一曲,便是杖鼓曲。("炎"又作"盐"。)唐朝时的杖鼓曲目有《突厥盐》、《阿鹊盐》。施肩吾有诗云"癫狂楚客歌成雪,妩媚吴娘笑是盐",可见大概当时都称曲目为"盐"。如今杖鼓曲的曲谱里还有名为"炎杖声"的曲目。

天宝法曲与胡部合奏

外国之声,前世自别为四夷乐。自唐天宝十三载,始诏法曲与胡部合奏,自此乐奏全失古法,以先王之乐为雅乐,前世新声为清乐,合胡部者为宴乐。

【译文】

对于中原地区以外的国家的音乐,前朝因其与中原音乐不同而别称其

杖鼓

为"四夷乐"。唐天宝十三年,朝廷下令法曲和胡部的音乐要合奏,从那以后,朝廷的音乐就完全丧失了古时法度的特征,而将先王留下来的音乐称为雅乐,将前朝新创作的音乐称为清乐,将同胡乐合奏的音乐称为宴乐。

《霓裳羽衣曲》

《霓裳羽衣曲》,刘禹锡诗云:"三乡陌上望仙山,归作《霓裳羽衣曲》。"又王建诗云:"听风听水作《霓裳》。"白乐天诗注云:"开元中,西凉府节度杨敬述造。"郑嵎《津阳门诗》注云:"叶法善尝引上入月宫,闻仙乐。及上归,但记其半,遂于笛中写之。会西凉府都督杨敬述进《婆罗门曲》,与其声调相符,遂以月中所闻为散序,用敬述所进为腔,而名《霓裳羽衣曲》。"诸说各不同。今蒲中逍遥楼楣上有唐人横书,类梵字,相传是《霓裳》谱,字训不通,莫知是非。或谓今燕部有《献仙音曲》,乃其遗声。然《霓裳》本谓之道调法曲,今《献仙音》乃小石调耳,未知孰是。

乐工演奏乐曲

【译文】

关于《霓裳羽衣曲》,刘禹锡的诗称:"三乡陌上望仙山,归作《霓裳羽衣曲》。"王建也有诗称:"听风听水作《霓裳》。"白居易诗中的注这样说:"此曲乃开元年间西凉府节度使杨敬述所作。"而郑嵎《津阳门诗》中的注又这样说："叶法善曾将皇上引入月宫，皇上在月宫听到了仙乐，回来后只记得一半仙乐，便用笛子吹奏并记了下来。当时恰逢西凉府都督杨敬述向皇上进献《婆罗门曲》，声调和仙乐很是符合，于是皇上便命将月宫中听到的曲子作为散序，将杨敬述所献之曲作为腔调，取名为《霓裳羽衣曲》。"各种说法都不相同。今天在蒲州的逍遥楼的门楣上还有唐朝人横着写的文字，与梵文相似，传说是《霓裳羽衣曲》的谱子，但因无人能懂所写之字，也就不知道到底是真是假。也有人说今天燕乐中的《献仙音曲》就是由《霓裳羽衣曲》传下来的。但《霓裳羽衣曲》原本是道调的法曲，而《献仙音曲》则是小石调，也不知道哪一种说法是才是正确的。

唐王游月宫

世称善歌者曰"郢人"

世称善歌者皆曰"郢人"，郢州至今有白雪楼。此乃因宋玉《问》曰"客有歌于郢中者"，其始曰《下里巴人》，次为《阳阿薤露》，又为《阳春白雪》，"引商刻羽，杂以流征"，遂谓郢人善歌，殊不考其义。其曰"客有歌于郢中者"，则歌者非郢人也；其曰"《下里巴人》，国中属而和者数千人；《阳阿薤露》，和者数百人；《阳春白雪》，和者不过数十人；引商刻羽，杂以流征，则和者不过数人而已"——以楚之故都，人物猥盛，而和者止于数人，则为不知歌甚矣！故玉以此自况。《阳春白雪》，郢人所不能也；以其所不能者名其俗，岂非大误也？《襄阳耆旧传》虽云"楚有善歌者，歌《阳菱白露》、《朝日鱼丽》，和之者不过数人"，复无《阳春白雪》之名。又今郢州本谓之北郢，亦非古之楚都。或曰楚都在今宜城界中，有故墟尚在，亦不然也。此鄢也，非郢也。据《左传》，楚成王使斗宜申"为商公，沿汉溯江，将入郢；王在渚宫，下见之"。沿汉至于夏口，然后溯江，则郢当在江上，不在汉上也。又在渚宫下见之，则渚宫盖在郢也。楚始都丹阳，在今枝江；文王迁郢，昭王迁都，皆在今江陵境中。杜预注《左传》云："楚国，今南郡江陵县北纪南城也。"谢灵运《邺中集诗》云："南登宛郢城。"今江陵北十二里有纪南城，即古之郢都也，又谓之南郢。

【译文】

世人都管善于唱歌的人叫"郢人"。在郢州，至今还建有白雪楼。这种说法源于宋玉《对楚王问》中的"客有歌于郢中者"，原文称这个人一开始唱的是《下里巴人》，然后又唱《阳阿薤露》，接着唱《阳春白雪》，以至"唱完商声后抑制羽声，转而唱出了徵声"。世人因此称郢人善于唱歌，其实根本就没有深入考察这几句话的真正含义。既然"客有歌于郢中者"，那唱歌的就是"客"而非郢人；文章称"客唱《下里巴人》时，有数千郢人随其一起唱；客唱《阳阿薤露》时，只有几百人随其一起唱；唱到《阳春白雪》时，能随着唱的只剩几十人；当客唱完商声，抑制羽声，转唱徵声时，能跟着唱的也就几个人"——楚国国都中人物众多，最后能跟着唱的只有几个人，也就是说不懂唱歌的人很多！所以宋玉只是借这篇文章来自比"曲高和寡"而已。郢人不会唱《阳春白雪》，却仍以善唱歌来作为他们的特征和风俗，这不是犯了个大错误吗？《襄阳耆旧传》虽称"楚国有善唱歌

弹唱鼓乐

的人,能唱《阳菱白露》、《朝日鱼丽》,能随着唱的不过几个人",却没有提到《阳春白雪》。况且今天的郢州原名北郢,也不是以前楚国的国都。有人说原楚国国都位于今天宜城境内,那里还有其遗址,这种说法也是错误的。宜城境内的是以前的鄢,不是郢。根据《左传》的记载,楚成王派斗宜申"作商公,他沿着汉水和长江前行,快到郢地时,楚成王在渚宫下旨召见他"。斗宜申先顺汉水到达夏口,然后又顺长江向上游前行,那郢州就应该在长江沿岸,而不是在汉水附近。而且楚成王在渚宫召见他,那渚宫也应在郢州。楚国最初在丹阳建都,即今天的枝江;楚文王时迁都到郢州,楚昭王时又迁到鄀地,郢州和鄀地都在今江陵境内。杜预在《左传》的注释中写道:"楚国的国都是今天南郡江陵县的北纪南城。"谢灵运在《邺中集诗》中称:"南登宛郢城。"所以今天江陵向北十二里远的纪南城就是楚国的国都郢州,又叫南郢。

声同共振

古法,钟、磬每簨十六,乃十六律也;然一簨又自应一律,有黄钟之簨,有大吕之簨。其他乐皆然。且以琴言之,虽皆清实,其间有声重者,有声轻者。材中自有五音,故古之名琴,或谓之"清徵",或谓之"清角"。不独五音也,又应诸调。予友人家有一琵琶,置之虚室,以管色奏双调,琵琶弦辄有声应之,奏他调则不应,宝之以为异物。殊不知此乃常理。二十八调,但有声同者即应;若遍二十八调而不应,则是逸调声也。古法,

一律有七音,十二律共八十四调,更细分之尚不止八十四,逸调至多。偶在二十八调中,人见其应,则以为怪,此常理耳。此声学至要妙处也。今人不知此理,故不能极天地至和之声。世之乐工,弦上音调尚不能知,何暇及此?

【译文】

后夔典乐图

古时使用乐器的方法规定,钟和磬在每个架子上都要挂十六件,即十六律;但每架又对应一律,这就有了黄钟律之架、大吕律之架等。其他的乐器也都是如此。就拿琴为例,琴声虽都是清音,但其中也有音重和音轻之别。乐器材质中有五音,所以古人给琴取名,有叫"清徵"的,也有叫"清角"的。琴不仅有五音,还能与各种曲调相应和。我的一位朋友家中有一把琵琶,放在空屋里,每当用管乐器吹奏双调时,琵琶弦总会发出声音与之相应,吹其他的曲调琵琶弦就不应,朋友因此将其看作奇异的宝物。殊不知这其实是音乐方面的常理。音乐的二十八个曲调中,只要弦乐器的弦与任一曲调的音声相同,弦就会应和;若奏完二十八调都不应和,那此弦的音声就属常用曲调以外的逸调。古时的乐法,一律有七音,十二律共有八十四个调,若分得再细些,则不止八十四个调,还有很多逸调。人们偶然见到琴弦与二十八调中的某调相应和的现象,就认为是怪事一桩,其实这只是音乐常理。但这又是声学中最精妙的地方,今天的人们不通晓此理,也就不能充分地利用天地间一切和谐的声音。世间演奏乐器的人连弦的音调都不了解,又哪有时间去探究这样的奥妙呢?

编钟

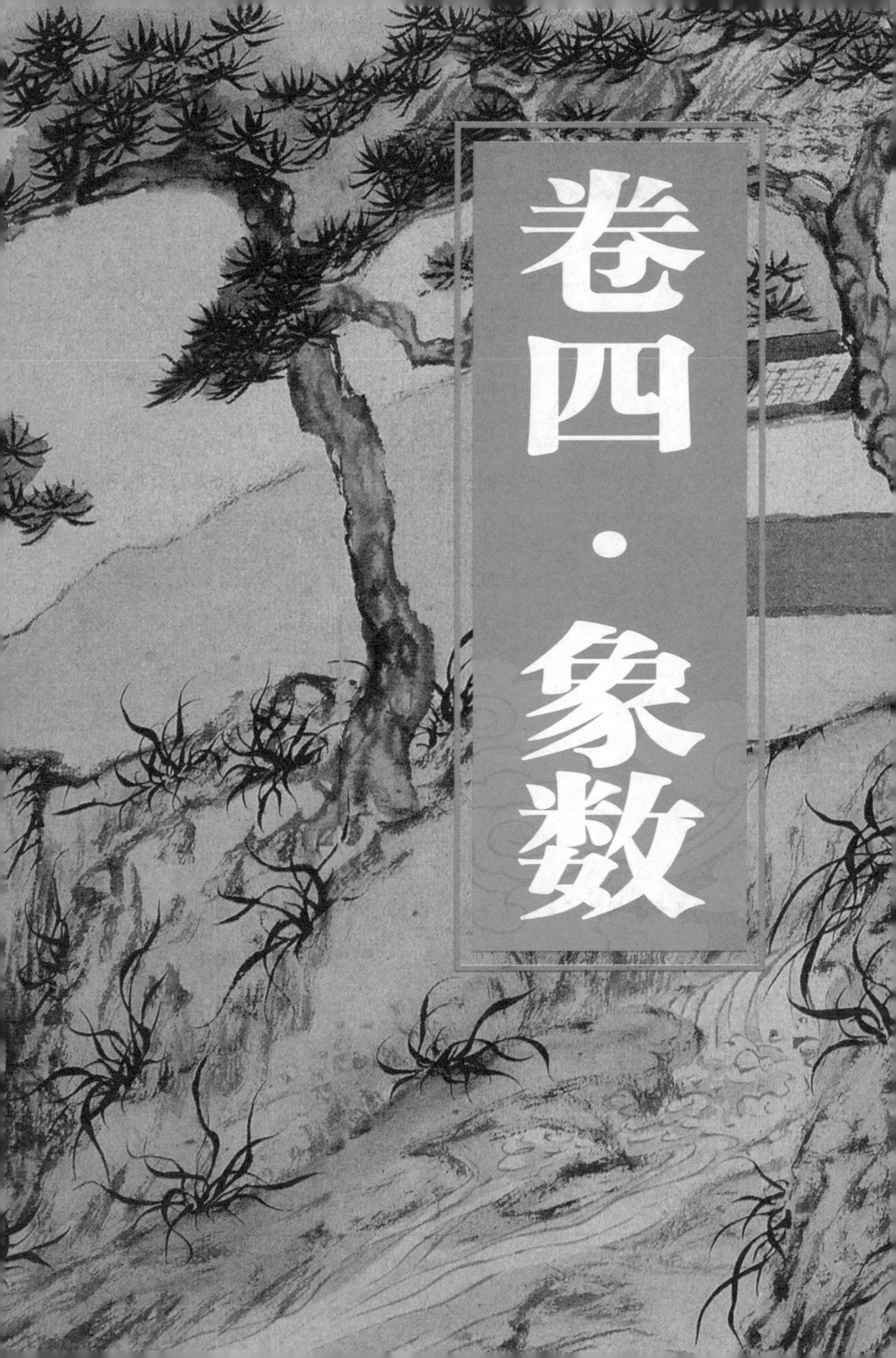

卷四·象数

《奉元历》改移闰朔

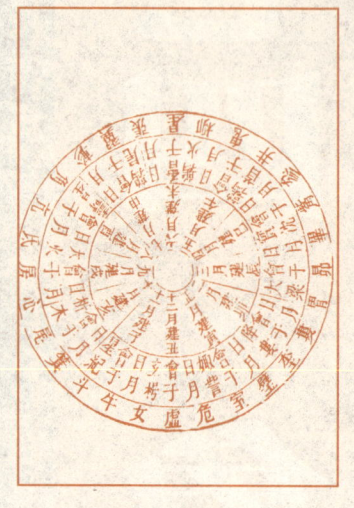

授时图

开元《大衍历法》最为精密,历代用其朔法。至熙宁中考之,历已后天五十余刻,而前世历官皆不能知。《奉元历》乃移其闰朔:熙宁十年天正元用午时,新历改用子时;闰十二月改为闰正月。四夷朝贡者用旧历,比来款塞。众论谓气至无显验可据,因此以摇新历,事下有司考定。凡立冬暑景与立春之景相若者也,今二景短长不同,则知天正之气偏也;凡移五十余刻,立冬、立春之景方停。以此为验,论者乃屈,元会使人亦至,历法遂定。

【译文】

唐朝开元年间的《大衍历法》是最精密的一部历法,历朝历代都沿用其确定朔日的方法。然而到了熙宁年间,经过考察发现历法竟比实际的天象落后了五十多刻,而前朝的历官竟都没有察觉这一点。于是朝廷颁布《奉元历》,改变了闰日和朔日:规定将熙宁十年冬至的临界点由午时改到子时;将闰十二月改为闰正月。但四方少数民族和藩属国仍按旧历进行朝贡,按旧历的节日前往中原进行友好访问。朝中舆论认为没有明显的天象可以作为改变节气的依据,便都想反对新历。皇上因此派相关部门对天象进行考察。以前立冬时日晷的影子和立春时日晷的影子长短差不多，如今若按旧历，则二者影子长短不一，由此可知旧历关于冬至的确立是有误差的。大约移动五十多刻，二者的晷影长度才相等。以这点作为验证，那些对新历有异议的人才理屈词穷，各国也都按新历规定的元旦日前来朝拜天子，新历于是才得以定了下来。

二十八宿

予编校昭文书时，预详定浑天仪。官长问予："二十八宿，多者三十三度，少者止一度。如此不均，何也？"予对曰：天事本无度，推历者无以寓其数，乃以日所行分天为三百六十五度有奇。（日平行三百六十五日有余而一期，天故以一日为一度也。）既分之，必有物记之，然后可窥而数，于是以当度之星记之。循黄道日之所行一期，当者止二十八宿星而已，（度如伞橑，当度谓正当伞橑上者。故车盖二十八弓，以象二十八宿。则予《浑仪奏议》所谓"度不可见，可见者星也"。日月五星之所由有星焉，当度之画者凡二十有八，谓之舍，舍所以挈度、所以生数也。）今所谓距度星者是也。非不欲均也，黄道所由，当度之星止有此而已。

【译文】

我在对昭文馆的书籍进行编写校对的时候，还曾参加了详细审定浑天

星象

仪的工作。长官问我:"二十八个星宿间的距离,远的相隔三十三度,近的只有一度。距离如此不均,为何?"我回答说:天体运行本没有"度",只是推算历法的人不知该如何运用推算出的数据,才按照太阳每年运行的轨道将周天划分成三百六十五度多一点。(太阳运行一个周期的时间平均为三百六十五天多一点,所以就按太阳每天运行的距离为一度来划分周天。)既然划分了周天,就必定要用物体作为标记,这样才可以进行观察和运算,于是使用黄道上可以作为分度点的星体当作标记。太阳沿黄道运行的轨道上可以作为分度点的星体只有二十八宿的星宫。(分度点就好比伞骨,"当度"是指其位置正好位于伞骨处。所以车盖有二十八条弓骨,就是代表二十八星宿。这就是我在《浑仪奏议》中提到的"度是看不见的,能看见的是星。"太阳、月亮和五星运行的轨道上有很多星,但能作为分度点的只有二十八宿,这叫作"舍",有了"舍",就可以划分度,确定度数了。)今天我们所说的距度星就是可以作为分度点的星。天文学家并不是不想均匀划分,而是在黄道上,能做分度点的星只有这些。

日月之形

又问予以"日月之形如丸邪,如扇邪?若如丸,则其相遇,岂不相碍?"予对曰：日月之形如丸。何以知之？以月盈亏可验也。月本无光，犹银丸，日之耀乃光耳。光之初生，日在其傍，故光侧而所见才如钩；日渐远，则斜照而光稍满。如一弹丸，以粉涂其半，侧视之则粉处如钩，对视之则正圆。此有以知其如丸也。日月，气也，有形而无质，故相直而无碍。

【译文】

长官又问我："太阳和月亮是圆球形还是扇形的呢？若是圆球形，那它们相遇的时候岂不是会相互妨碍吗？"我回答道：太阳和月亮都是圆球形的。凭什么这么说呢？用月满月缺的现象就可以验证。月亮本身是不发光的，就好像一个银球，太阳光照射它，它才会发光。刚有一点月光的时候，是太阳在其旁边照射，所以光出现在月亮的侧面，看上去就像弯钩；太阳离月亮越来越远，阳光斜照在月亮上，月亮就渐渐变圆了。就好比一个弹丸，将其一半涂上白粉，从侧面看过去，涂粉处就好像弯钩，而从涂粉处的正面看去就还是一个正圆。由此可知太阳和月亮都是圆球形的。太阳、月亮皆是由气凝结而成的；有形而无质体，因此它们相遇时不会相互妨碍。

月行九道非实有

历法，天有黄、赤二道，月有九道。此皆强名而已，非实有也。亦由天之有三百六十五度。天何尝有度？以日行三百六十五日而一期，强谓之"度"，以步日月五星行次而已。日之所由，谓之"黄道"；南北极之中度最均处，谓之"赤道"。月行黄道之南，谓之"朱道"；行黄道之北，谓之"黑道"；黄道之东，谓之"青道"；黄道之西，谓之"白道"。黄道内外各四，并黄道为九。日月之行，有迟有速，难可以一术御也。故因其合散，分为数段，每段以一色名之，欲以别算位而已，如算法用赤筹、黑筹，以别正、负之数。历家不知其意，遂以为实有九道，甚可嗤也。

【译文】

历法上说，地球运行有黄道和赤道，月亮运行则有九个轨道，这些其实都是人们自己定的名称，并不是真实的轨道。就好像天空被划分为三百六十五度，天空又哪里有度数呢？只不过因太阳的运行周期是三百六十五天，人们才强行划出的"度"，为了测算太阳、月亮和五星的运行位置罢了。太阳的运行轨道叫作"黄道"；地球南北极正中间的纬度圈叫作"赤道"。月亮的运行轨道中，位于黄道南面的叫作"朱道"；位于黄道北面的叫作"黑道"；位于黄道东面的叫作"青道"；位于黄道西面的叫作"白道"。黄道内外各有四条运行轨道，加上黄道一共九条。太阳、月亮的运行速度有快有慢，很难只用一种方法来测量。所以就依据它们分离和会合的情况，将九道分为若干个部分，每个部分都用一种颜色来命名，想以此来测算和区别它们的方位。这就好比算法中用赤筹和黑筹来区分正、负数。历法家不知道这种做法的意图，以为月亮的运行轨道有九条，这是很可笑的。

五星行度

予尝考古今历法，五星行度，唯留逆之际最多差。自内而进者，其退必向外；自外而进者，其退必由内。其迹如循柳叶，两末锐，中间往还之道相去甚远。故两末星行成度稍迟，以其斜行故也；中间行度稍速，以其径绝故也。历家但知行道有迟速，不知道径又有斜直之异。熙宁中，予领太史令，卫朴造历，气朔已正，但五星未有候簿可验。前世修历，多只增损旧历而已，未曾实考天度。其法须测验每夜昏、晓、夜半月及五星所在度秒，置簿录之，满五年，其间剔去云阴及昼见日数外，可得三年实行，然后以算术缀之，古所谓"缀术"者此也。是时司天历官皆承世族，隶名食禄，本无知历者，恶朴之术过己，群沮之，屡起大狱；虽终不能摇朴，而候簿至今不成。《奉元历》五星步术，但增损旧历，正其甚谬处十得五六而已。朴之历术，今古未有，为群历人所沮，不能尽其艺，惜哉！

仰观星象

【译文】

我曾对古今各种历法进行了考察，发现五星运行的数据中，有关停留和逆行的误差最大。沿黄道以北向北运行的星，其必然要向黄道以南退行；沿黄道以南向南运行的星，其必然要向黄道以北退行。五星的运行轨道就好像柳叶，两头尖，中间往返的路线距离很远。所以五星运行到轨道两端时因为斜行所以速度较慢；而运行到中间时因为是直行所以速度较快。历法家只知道五星的运行速度有快有慢，但不知道其运行轨道还有倾斜和笔直之分。

熙宁年间，我任太史令，卫朴负责制定历法，当时历法中的节气和朔日都已修正完毕，只剩五星的内容没有天文记录可供验证。以前的人修订历法，只是对旧历的文字作一定的增减，从未真正考察过天象。考察观测天象需在每天的黄昏、拂晓和半夜时分观测并记下五星所处的度数和具体时间。连续观察记录五年后，再减去阴天和五星白天出现的天数，可以得到三年来五星运行的数据，然后再用这些数据进行运算，这就是古人所说的"缀术"。当时朝廷里司天监的历官都是承袭家族职务任职的人，都只知道拿俸禄，根本就不懂历法。这些人嫉妒卫朴的才华，便联合起来阻挠卫朴的工作，多次制造大案冤枉卫朴；虽然最终没能动摇卫朴的地位，但也使得关于天象的记录到现在也没有做成。《奉元历》中记载的推算五星方位的方法，只是对旧历进行了增减，纠正了旧历最明显错误的十分之五六而已。卫朴编订历法的本事，从古至今没有人能相匹敌，然而他的才能却没有得到充分发挥，真是可惜啊！

卷五·人事

寇准镇物

寇准酣睡

景德中，河北用兵，车驾欲幸澶渊，中外之论不一，独寇忠愍赞成上意。乘舆方渡河，敌骑充斥至于城下，人情恟恟。上使人微觇准所为，而准方酣寝于中书，鼻息如雷。人以其一时镇物，比之谢安。

【译文】

景德年间，河北爆发了战争，皇上听说后想亲自率兵前往澶渊，朝廷内外对此意见不一，只有寇忠愍对皇上的想法表示赞成。皇上于是驾车出征，车马刚刚渡过黄河，敌兵就已汹涌而来，逼近澶渊城，情势十分危急，一时之间人心惶惶。皇上派人暗地里观察寇准在干什么，得知寇准正在中书处酣睡，且鼾响如雷。人们认为寇准在危急之时能够镇住人心，故将其比做谢安。

王文正局量宽厚

王文正太尉局量宽厚，未尝见其怒。饮食有不精洁者，但不食而已。家人欲试其量，以少埃墨投羹中，公唯啖饭而已。问其何以不食羹，曰："我偶不喜肉。"一日，又墨其饭，公视之曰："吾今日不喜饭，可具粥。"其子弟诉于公曰："庖肉为饔人所私，食肉不饱，乞治之。"公曰："汝辈人料肉几何？"曰："一斤。今但得半斤食，其半为饔人所廋。"公曰："尽一斤可得饱乎？"曰：

"尽一斤固当饱。"曰:"此后人料一斤半可也。"其不发人过皆类此。尝宅门坏,主者彻屋新之,暂于廊庑下启一门以出入。公至侧门,门低,据鞍俯伏而过,都不问。毕,复行正门,亦不问。有控马卒,岁满辞公,公问:"汝控马几时?"曰:"五年矣。"公曰:"吾不省有汝。"既去,复呼回,曰:"汝乃某人乎?"于是厚赠之。乃是逐日控马,但见背,未尝视其面,因去见其背,方省也。

【译文】

　　太尉王文正度量大,为人很宽厚,人们从未见他生过气。即便发现饮食有不干净的,他也只是不吃而已。其家人想试试他的度量到底有多大,便向肉汤里放入少量锅灰,王文公就只吃米饭。家人问他为什么不喝肉汤,他说:"我有时候不想吃肉。"一天,家人又将锅灰放到其饭里,他看了后说:"我今天不想吃米饭,可以喝点粥。"王文正的弟子向他抱怨说:"厨房里的肉被厨子私自拿走了,现在我们的肉不够吃,请您惩罚厨子。"王公说:"你们每天一个人的肉量是多少?"弟子答道:"本是一斤,如今只吃半斤,其余半斤被厨子藏了起来。"王公说:"那给足你们一斤肉能吃饱吗?"弟子答:"一斤肯定可以吃饱。"王公说:"那以后每人每天给一斤半的肉。"他就是这样不愿揭发别人的过失。有一次,他府上的大门坏了,管家派人重修全宅的门,只从门廊下方开了一个侧门以便暂时出入。王公要过侧门,门很低,他便伏在马鞍上过去,什么都没说。大门修好了后才开始从正门出入,也什么都没说。其府上有个牵马的士卒,服役期满了要离开,去向王公告辞。王公问:"你牵马多久了?"士卒道:"五年。"王公说:"我为何不记得有你?"士卒转身要离开时,王公又喊他回来,说道:"你是某某某吧?"于是又赠给他很多钱财物品。原来士卒每天牵马时,王公只能看见他的背面,未曾见过他的脸,而士卒转身离开时王公又看到他的背,这才认了出来。

牵马士卒

李士衡不重财物

　　李士衡为馆职,使高丽,一武人为副。高丽礼币赠遗之物,士衡皆不关意,一切委于副使。时船底疏漏,副使者以士衡所得缣帛藉船底,然后实以己物,以避漏湿。至海中,遇大风,船欲倾覆。舟人大恐,请尽弃所载,不尔船重,必难免。副使仓惶,取船中之物投之海中,便不暇拣择。约投及半,风息船定。既而点检所投,皆副使之物,士衡所得在船底,一无所失。

【译文】

　　李士衡当馆职的时候,有一次奉命出使高丽,副使是一个武人。高丽赠给他们丝织品做礼物,士衡对此毫不在意,一切都委托副使去打理。当时他们乘坐的船的底部有些漏水,副使便将士衡的丝织品垫在船底,然后又放上自己得到的礼品,以免自己的物品被水浸湿。船行驶到海上时,遇到了大风,船一下就被吹得左摇右晃。驾船人十分惊慌,让他们将船上装载的物品全都扔到海里,否则船太沉肯定会翻。副使仓皇失措地将船舱里的物品都扔到了海里,也没来得及细细挑拣。扔到一半的时候,风停了,船也停止了摇晃。副使随即清点扔掉的物品,发现扔掉的都是自己的东西,李士衡的物品还在船底,一点儿都没有损失。

孙之翰不受砚

　　孙之翰,人尝与一砚,直三十千。孙曰:"砚有何异,而如此之价也?"客曰:"砚以石润为贵,此石呵之则水流。"孙曰:"一日呵得一担水,才直三钱,买此何用?"竟不受。

【译文】

有人曾送给孙之翰一个价值三十千钱的砚台。孙说:"这个砚台有什么特别的,竟能值这么多钱?"客人说:"此砚的珍贵之处在于所用的石料十分润泽,在上面呵一口气就能看见水流。"孙说:"每天呵出一担水,才值三钱,买它有什么用?"最终竟没有接受。

王荆公不受紫团参

王荆公病喘,药用紫团山人参,不可得。时薛师政自河东还,适有之,赠公数两,不受。人有劝公曰:"公之疾,非此药不可治。疾可忧,药不足辞。"公曰:"平生无紫团参,亦活到今日。"竟不受。公面黧黑,门人忧之,以问医。医曰:"此垢污,非疾也。"进澡豆令公颒面,公曰:"天生黑于予,澡豆其如予何?"

【译文】

王安石患有哮喘,药方里有紫团山人参,但却苦于买不到此药。当时薛师政从河东回京,恰巧有此药,便送给王公几两,王安石不接受。有人劝他说:"您得的病非此药不能治。病很让人忧虑,药就不用推辞了。"王安石说:"我一生

王安石

也没有吃过紫团参,不也活到了今天嘛。"最终也没有接受。王公面露黑黄色,其门人很担心,便去询问医生。医生说:"那只是污垢,不是病。"门人便拿来澡豆让王安石洗脸,王安石说:"我天生脸就黑,澡豆能对我起什么作用?"

晏元献诚实不隐

晏元献公为童子时,张文节荐之于朝廷,召至阙下。适值御试进士,便令公就试。公一见试题,曰:"臣十日前已作此赋,有赋草尚在,乞别命题。"上极爱其不隐。及为馆职,时天下无事,许臣寮择胜燕饮。当时侍从文馆士大夫各为燕集,以至市楼酒肆,往往皆供帐为游息之地。公是时贫甚,不能出,独家居与昆弟讲习。一日,选东宫官,忽自中批,除晏殊。执政莫谕所因,次日进覆,上谕之曰:"近闻馆阁臣寮无不嬉游燕赏,弥日继夕,唯殊杜门与兄弟读书。如此谨厚,正可为东宫官。"公既受命,得对,上面谕除授之意。公语言质野,则曰:"臣非不乐燕游者,直以贫,无可为之具。臣若有钱,亦须往,但无钱不能出耳。"上益嘉其诚实,知事君体,眷注日深,仁宗朝卒至大用。

【译文】

晏殊还是孩子的时候,张文节就把他推荐给了皇上。皇上召他入京时,正好赶上举行进士考试,皇上就让晏殊也去试试。晏殊看了试题后说:"这篇赋臣十天前就已经作过了,赋的草稿还在,请皇上另外命题。"皇上因此很喜爱他毫不隐瞒的性格。晏殊当馆职时,天下太平无事,朝廷允许大臣们自由选择胜地举行宴会。当时文馆里的侍从和士大夫们各自集会,以至楼市酒巷里到处都挂满帷帐，处处成了游乐宴会之地。晏殊当时很贫困，没钱出去游乐，便独自待在家里和兄弟们读书学习。一天，朝廷挑选东宫官，忽然从宫里传来皇上的批文，任命晏殊为东宫官。执政大臣不明白其中原因，第二天进宫同皇上核实此事，皇上告诉他说："我最近听说馆阁里的大臣全都整天整晚地嬉戏游玩、举办宴会，唯独晏殊闭门不出同兄弟们读书。此人如此忠厚谨慎，可以任东宫官。"晏殊受命后，得以入宫面见皇上。皇上将任命的原因告诉晏殊，晏殊诚实地说："臣并不是不喜欢游乐宴会，只是因为太贫穷了，没有游乐宴会的能力。臣要是有钱也会去参加的，只是没钱无法出门。"皇上听了更加赞赏他诚实的禀性，觉得他懂得如何侍奉君主，对他的眷顾和关注日益加深，仁宗时晏殊终于得到了重用。

晏殊

强干县令

蒋堂侍郎为淮南转运使日，属县例致贺冬至书，皆投书即还。有一县令使人独不肯去，须责回书，左右谕之皆不听，以至呵逐亦不去。曰："宁得罪，不得书不敢回邑。"时苏子美在坐，颇骇怪，曰："皂隶如此野狠，其令可知。"蒋曰："不然。此必健者，能使人不敢慢其命令如此。"乃为一简答之，方去。子美归吴中月余，得蒋书曰："县令果健者。"遂为之延誉，后卒为名臣。或云天章阁待制杜杞也。

【译文】

侍郎蒋堂担任淮南转运使时，下属的诸县每逢冬至日都会按惯例送来贺信,前来送信的人都是放下贺信就回去了。一次,唯独某位县令派来的送信人不肯马上离开,要求要有回信才离开,蒋堂身边的人劝他,他不听;甚至对他呵斥和驱赶,他也不肯走。那人说:"宁可得罪转运使,也不能拿不到回信就回去。"苏子美当时在座,听了后感到很奇怪,说:"做奴才的都如此蛮横,那位县令可想而知有多么无礼了。"蒋堂说:"不,这位县令想必是位很强势能干的人,才会让下属对他的命令丝毫不敢怠慢。"蒋堂于是写了一纸回信,那人才离开。子美回到吴中后过了一个多月,收到一封蒋堂的来信说:"那位县令果然是位强势能干的人。"于是,子美就将那位县令的声誉传播开来,最终那位县令成了名臣,有人说这人就是天章阁待制杜杞。

林逋隐居

林逋隐居杭州孤山,常畜两鹤,纵之则飞入云霄,盘旋久之,复入笼中。逋常泛小艇游西湖诸寺,有客至逋所居,则一童子出,应门延客坐,为开笼纵鹤。良久,逋必棹小船而归,盖常以鹤飞为验也。逋高逸倨傲,多所学,唯不能棋,常谓人曰:"逋世间事皆能之,唯不能担粪与着棋。"

【译文】

林逋隐居于杭州的孤山,他养有两只鹤,把它们放出去,它们就会直冲云霄,盘旋很长时间后才又回到笼中。林逋经常乘小船到西湖各寺院游览,若此时有客人到其住所拜访,就会有一个小孩子出来接待。孩子请客人坐下,然后打开笼子放鹤。不一会儿,林逋就会划着船回来了,大概他经常以放鹤为来客的信号。林逋性格清高超脱,学问渊博,只是不会下棋。他常对人说:"世上的事我都能做,只有挑粪和下棋不行。"

卷六·官政

"三说法"

交纳粮草

世传算茶有"三说法"最便。"三说"者,皆谓见钱为一说,犀牙、香药为一说,茶为一说,深不然也。此乃三分法耳,谓缘边人纳粮草,其价折为三分,一分支见钱,一分折犀象、杂货,一分折茶。尔后又有并折盐为四分法,更改不一,皆非"三说"也。予在三司,求得"三说"旧案,"三说"者乃是三事:博籴为一说,便籴为一说,直便为一说。其谓之博籴者,极边粮草,岁入必欲足常额,每岁自三司抛数下库务,先封桩见钱、紧便钱、紧茶钞(紧便钱谓水路商旅所便处,紧茶钞谓上三山场榷务),然后召人入中。便籴者,次边粮草,商人先入中粮草,乃诣京师算请慢便钱、慢茶钞及杂货(慢便钱谓道路货易非便处,慢茶钞谓下三山场榷务)。直便者,商人取便于缘边入纳见钱,于京师请领。"三说",先博籴数足,然后听便籴及直便。以此,商人竞趋争先,赴极边博籴,故边粟常先足,不为诸郡分裂。粮草之价不能翔踊,诸路税课亦皆盈衍,此良法也。予在三司,方欲讲求,会左迁,不果建议。

【译文】

传说朝廷征茶抵税时以"三说法"最简单方便。所谓"三说",世人都认为钱为一说,犀牛角、象牙和香料为一说,茶为一说,这是不对的。这种说法只是三分法,指的是边境一带的百姓交纳粮草时,将所要交的钱数分成三种形式,一种是钱,一种是犀牛角、象牙和杂货,一种是茶。后来又增加了盐这种形式,成了四分法,改来改去也没有固定形式,但都不是"三说"。我在三司任职的时候,查阅过关于"三说"的旧档案,真正的"三说"指的是以下三件事:博籴、便籴和直便。博籴,即国家边境第一道防线地区的粮草,每年向朝廷交纳的数量必须满足一定的额度。每年三司都会将该年的预算数额传达给地方仓储部门,地方部门预先准备好现钱、紧便钱和紧茶钞(紧便钱是指位于水路和商贸便利处的国库中的钱,紧茶钞是指官府在上三山场茶场卖茶收来的钱),然后再召集商人交纳粮草,用钱与其交换。便籴,即边境第二道防线地区的粮草,商人先向朝廷交纳粮草,再到京城领取慢便钱、慢茶钞和杂货(慢便钱是位于水路商贸不是十分便利之处的国库中的钱,慢茶钞是官府在下三山场茶场卖茶收来的钱)。直便,指的是商人为了方便,在边境地区交纳现钱,再到京城去领取杂货等。"三说"要先保证博籴的数量足够,便籴和直便才能被允许。这样一来,商人都争先恐后地到边境地区交纳博籴,所以边境的粮草最先充足,也不会被地方郡县分了去。粮草的价格也不会涨得很高,各种税收也都能超额完成,这实在是一个好方法。我在三司时曾计划要将此法加以讨论推广,但恰逢被降职,所以最终也没有提出建议。

范文正浙西救灾

范仲淹

皇祐二年，吴中大饥，殍殣枕路。是时范文正领浙西，发粟及募民存饷，为术甚备。吴人喜竞渡，好为佛事。希文乃纵民竞渡，太守日出宴于湖上，自春至夏，居民空巷出游。又召诸佛寺主首谕之曰："饥岁工价至贱，可以大兴土木之役。"于是诸寺工作鼎兴。又新敖仓吏舍，日役千夫。监司奏劾杭州不恤荒政，嬉游不节，及公私兴造，伤耗民力。文正乃自条叙所以宴游及兴造，皆欲以发有余之财以惠贫者。贸易、饮食、工技、服力之人，仰食于公私者，日无虑数万人，荒政之施，莫此为大。是岁，两浙唯杭州晏然，民不流徙，皆公之惠也。岁饥，发司农之粟，募民兴利，近岁遂著为令。既已恤饥，因之以成就民利，此先王之美泽也。

【译文】

皇祐二年，江浙地区爆发严重饥荒，路上全是饿死的人。当时范仲淹担任杭州知州，下令发放官府的存粮并招募百姓服役，应对措施十分周全。当地人喜欢比赛划船和举办佛事，范仲淹便让百姓举办划船赛，命太守每天都到西湖上举办宴会，从春天到夏天，百姓也都外出游乐。他又召集各佛寺的主持，对他们说："闹饥荒的时候，工匠的收费都很低，趁机可以大兴土木。"于是各佛寺都兴起了修建工程。他又将粮仓和官吏的住处进行了翻新，每天都有上千人在劳作。监察机构向朝廷弹劾杭州知州不考虑救灾，只知每日无度嬉戏、大力修建官府和私人的屋舍，劳民伤财。范仲淹于是亲拟奏章陈述宴会游乐和兴建土木的原因，是要聚集富余的钱财来惠及贫者。这样一来，每天有一万多从事贸易、餐饮、手工和其他劳力工作的人能够靠官府和有钱人家的救济生活，赈灾的措施没有比这更有效的了。这一年，两浙地区唯独杭州的社会秩序很稳定，没有逃荒流亡的百姓，这都是因为有范仲淹的缘故。荒年开朝廷粮仓放粮、募集百姓修建土木，近年来已经收录进典籍成了一种定制。这样做既能缓解饥荒，又能兴建利民工程，真是先王恩泽后世的一个优秀传统啊。

盐钞法

陕西颗盐，旧法官自搬运，置务拘卖。兵部员外郎范祥始为钞法，令商人就边郡入钱四贯八百售一钞，至解池请盐二百斤，任其私卖，得钱以实塞下，省数十郡搬运之劳。异日辇车牛驴以盐役死者岁以万计，冒禁抵罪者不可胜数，至此悉免。行之既久，盐价时有低昂，又于京师置都盐院，陕西转运司自遣官主之。京师食盐，斤不足三十五钱，则敛而不发，以长盐价;过四十,则大发库盐,以压商利,使盐价有常。而钞法有定数,行之数十年,至今以为利也。

【译文】

关于陕西的颗盐,以前规定由官府组织搬运,并设立专门部门进行收购和售卖。兵部员外郎范详创立了钞法,规定商人到边境地区交纳四贯八百钱,官府就售给他一帖盐钞,凭此帖可到解州的盐池换二百斤食盐。商人可以将食盐任意私自售卖,得来的钱可充实边塞库房。这样就省去了十几个郡县的百姓搬运食盐的辛苦。以前每年有上万头拉车的牛和驴因运盐而死,因私卖国家食盐而获罪的人更是数不胜数,这些情况自从实施钞法后都没有了。该法实行了很长时间以后,盐价突然变得忽高忽低,于是朝廷又在京师设立了盐都院,由陕西转运司自主派官员进行掌管。京师的盐价每斤不够三十五钱时,盐都院就将盐存在库中不出售,以此抬高盐价;每斤盐价超过四十钱时,盐都院就开库售盐,以防止商贩以高盐价牟取私利,这样盐价就一直很稳定了。盐钞的发放数量是一定的,此法推行了数十年,至今对国家和百姓都有利。

吏无常禄

天下吏人素无常禄,唯以受赇为生,往往致富者。熙宁三年,始制天下吏禄,而设重法以绝请托之弊。是岁,京师诸司岁支吏禄钱三千八百三十四贯二百五十四；岁岁增广，至熙宁八年，岁支三十七万一千五百三十三贯一百七十八；自后增损不常，皆不过此数。京师旧有禄者，及天下吏禄，皆不预此数。

公吏

【译文】

　　天下公吏的俸禄向来不固定，他们只靠收取贿赂维持生活，往往也有因此致富的人。熙宁三年，朝廷开始规定公吏的俸禄，并设立严厉的法律来严惩受贿的官吏，以杜绝受贿的现象。这一年，京城各机构支给公吏的俸禄钱共达三千八百三十四贯二百五十四文；之后每年都有增加，到了熙宁八年，公吏一年的俸禄钱达三十七万一千五百三十三贯一百七十八文；以后每年增减不定，但都没超过此数。以前京城有俸禄的公吏，以及京城外各个地方官吏的俸禄都没有包含在这个数字内。

宋代茶法

　　本朝茶法，乾德二年始诏在京、建州、汉、蕲口各置榷货务；五年，始禁私卖茶，从不应为情理重。太平兴国二年，删定禁法条贯，始立等科罪。淳化二年，令商贾就园户买茶，公于官场贴射，始行贴射法。淳化四年，初行交引，罢贴射法。西北入粟给交引，自通利军始。是岁罢诸处榷货务，寻复依旧。至咸平元年，茶利钱以一百三十九万二千一百一十九贯三百一十九为额。至嘉祐三年，凡六十一年用此额，官本杂费皆在内，中间时有增亏，岁入不常。咸平五年，三司使王嗣宗始立三分法，以十分茶价，四分给香药，三分犀象，三分茶引；六年，又改支六分香药、犀象，四分茶引。景德二年，许人入中钱、帛、金银，谓之"三说"。至祥符九年，茶引益轻，用知秦州曹玮议，就永兴、凤翔以官钱收买客引，以救引价。前此累增加饶钱，至天禧二年，镇戎军纳大麦一斗，本价通加饶，共支钱一贯二百五十四。乾兴元年，改三分法，支茶引三分、东南见钱二分半、香药四分半。天圣元年，复行贴射法。行之三年，茶利尽归大商，官场但得黄晚恶茶，乃诏孙奭重议，罢贴射法。明年，推治元议省吏，勾覆官勾献等皆决配沙门岛；元详定枢密副使张邓公、参知政事吕许公、鲁肃简各罚俸一月；御史中丞刘筠、入内内侍省副都知周文质、西上閤门使薛昭廓、三部副使各罚铜二十斤；前三司使李谘落枢密直学士，依旧知洪州。皇祐三年，算茶依旧只用见钱。至嘉祐四年二月五日，降敕罢茶禁。

【译文】

本朝有关茶的法律发展历程如下：乾德二年，朝廷开始下诏在京城、建州、汉口和蕲口等处设立官府卖盐处；乾德五年，开始禁止百姓私自贩卖茶叶，不服者按照惩治重罪的条例处治。太平兴国二年，朝廷修订了禁卖茶叶的条款，规定私贩茶叶等同于科级犯罪。淳化二年，朝廷允许商人到种茶人家的茶园买茶，官府在其设立的卖盐处收取利息，自此开始推行贴射法。淳化四年，朝廷废除贴射法，开始实行交引法。商人到西北边境交纳粮食即为交引，此法自通利军开始实施。这一年废除了各地官府所设立的卖盐处，但后来不久又恢复了。到了咸平元年，茶税收入的标

贩茶

准是一百三十万二千一百一十九贯三百一十九文。一直到嘉祐三年，此间的六十一年都以此为标准，官府所花的本钱和各种杂款都包括在内。其间有时增加有时减少，每年的收入都不固定。咸平五年，三司使王嗣宗创立了三分法，将茶价分成十分，香料支付四分，犀牛角和象牙支付三分，茶引支付剩下三分；咸平六年又改成香料、犀牛角和象牙支付六分，茶引支付四分。景德二年，朝廷允许商人交纳现钱、锦帛和金银，即当时所说的"三说"。到了祥符九年，茶引价格越来越低，朝廷便采用秦州知州曹玮的意见，在永兴和凤翔用官府的钱收购商人的茶引，以抬高茶引的价格。之前朝廷还多次增支加耗钱。到天禧二年，镇戎军上缴一斗大麦，成本加损耗，一共要支出一贯二百五十四文钱。乾兴元年，朝廷修改三分法，改为茶引支付三分，东南现钱支付二分半，香料支付四分半。天圣元年时，朝廷又重新实行贴射法。实行了三年后，贩卖茶叶的利润都尽归大商人所有。官府的茶场只收得到劣质发黄的晚茶。朝廷于是命孙奭重新议定，最

后废除了贴射法。第二年,朝廷追查之前提出复行贴射法的官员,将勾覆官勾献等人流放沙门岛;元详定官枢密副使张邓公、参知政事吕许公和鲁肃简被扣一个月的俸禄;御史中丞刘筠、入内内侍省副都知周文质、西上阁门使薛昭廓、三部副使各罚二十斤铜;撤销前三司使李谘枢密直学士的官职,命其仍为洪州知州。皇祐三年,茶税仍旧只用钱支付。到嘉祐四年的二月五日,朝廷又下旨废除了禁止百姓私自贩茶的禁令。

卷七·权智

狄青为将以奇胜

狄青

宝元中,党项犯塞,时新募万胜军未习战陈,遇寇多北。狄青为将,一日尽取万胜旗付虎翼军,使之出战。敌望其旗易之,全军径趋,为虎翼所破,殆无遗类。又青在泾原,尝以寡当众,度必以奇胜,预戒军中尽舍弓弩,皆执短兵器;令军中闻钲一声则止,再声则严阵而阳却,钲声止则大呼而突之,士卒皆如其教。才遇敌,未接战,遽声钲,士卒皆止;再声,皆却。敌人大笑,相谓曰:"孰谓狄天使勇?"时敌人谓青为"天使"。钲声止,忽前突之,敌兵大乱,相蹂践死者,不可胜计也。

【译文】

宝元年间,西夏侵犯中原边境,当时朝廷新征召的万胜军还不熟悉作战,与敌寇交战时经常打败仗。一天,时任将军的狄青将万胜军的军旗拿来交给虎翼军,让虎翼军出战。敌人远远望见万胜军的旗帜就产生了轻敌意识,全部士兵都径直冲了上来,结果被虎翼军打败,敌军几乎全军覆没。狄青在泾原戍边的时候,有一次曾率领很少的士兵时遇到了大量敌兵,他心想需用奇招才能取胜,于是命令军中士卒全都扔掉弓弩,换成短兵器。他又下令士兵听到第一声锣鼓时要停止前进,听到第二声锣鼓时要假装后退,同时保持严阵状态,听到鼓声停了就大喊着出击突袭敌兵,士兵都听从了他的命令。部队刚与敌兵相遇,还没有交战时,狄青就下令敲鼓,士兵们都停止前进;他紧接着又下令敲第二声,士兵们都后退。敌兵见状大笑,互相说:"谁说狄天使很勇猛?""天使"是当时敌兵对狄青的称呼。等到鼓声停了,狄青的士兵突然发动突袭,敌兵阵脚大乱,互相踩踏致死的人数不胜数。

雷简夫窖大石

陕西因洪水下大石塞山涧中,水遂横流为害。石之大有如屋者,人力不能去,州县患之。雷简夫为县令,乃使人各于石下穿一穴,度如石大,挽石入穴窖之,水患遂息。

【译文】

陕西因洪水暴发,使得一块山上的巨石被冲下堵在山涧,洪水受阻后横流酿成了水患。巨石大如房屋,人无法将其移走,地方州郡都很担心。雷简夫时为县令,他命人在巨石下面挖洞,挖到洞和巨石一样大时将巨石拉到洞中,水患就这样平息了。

卷八·艺文

"郭索"与"钩辀"

欧阳修

欧阳文忠尝爱林逋诗"草泥行郭索,云木叫钩辀"之句,文忠以谓语新而属对亲切。钩辀,鹧鸪声也,李群玉诗云:"方穿诘曲崎岖路,又听钩辀格磔声。"郭索,蟹行貌也,扬雄《太玄》曰:"蟹之郭索,用心躁也。"

【译文】

欧阳修曾很喜欢林逋的诗句"草泥行郭索,云木叫钩辀",他认为这两句语言新颖别致,对仗工整贴切。钩辀,即鹧鸪的叫声,李群玉写道:"方穿诘曲崎岖路,又听钩辀格磔声。"郭索,即螃蟹爬行时的样子,扬雄的《太玄经》里写道:"螃蟹郭索,是因为心里浮躁。"

宋初古文

往岁士人多尚对偶为文,穆修、张景辈始为平文,当时谓之"古文"。穆、张尝同造朝，待旦于东华门外。方论文次，适见有奔马践死一犬，二人各记其事，以较工拙。修曰："马逸，有黄犬遇蹄而毙。"张景曰："有犬死奔马之下。"时文体新变，二人之语皆拙涩，当时已谓之工，传之至今。

【译文】

以前的士大夫都推崇对仗工整的骈体文，从穆修和张景等人开始却提倡散文，当时被叫作"古文"。一日，二人一起参加朝会，在东华门外等候。正当二人谈论行文章法时，正好看到一匹马将一条狗踩死了，二人便约好都对此事进行描述，比较一下谁工谁拙。穆修道："马逸，有黄犬遇蹄而毙。"张景说："有犬死奔马之下。"当时文体的变化才刚刚开始，两人用语也都显得很生硬笨拙，但在当时已被认为很精炼了，所以一直流传到今天。

集句诗

古人诗有"风定花犹落"之句，以谓无人能对，王荆公以对"鸟鸣山更幽"。"鸟鸣山更幽"本宋王籍诗，元对"蝉噪林逾静，鸟鸣山更幽"，上下句只是一意。"风定花犹落，鸟鸣山更幽"，则上句乃静中有动，下句动中有静。荆公始为集句诗，多者至百韵，皆集合前人之句，语意对偶，往往亲切过于本诗。后人稍稍有效而为者。

【译文】

古人作诗，有"风定花犹落"一句，以为没有人能对出下句，今王安石用"鸟鸣山更幽"作对。"鸟鸣山更幽"原为宋人王籍的诗句，原诗为"蝉噪林逾静，鸟鸣山更幽"，这两句表达的是一个意思。王安石的"风定花犹落，鸟鸣山更幽"则上句静中有动，下句动中有静。王公最初写集句诗时，多的时候有数百首诗都是将前人的诗句集合起来的，语言和意境的贴合对偶往往比原诗还要好。后人慢慢也开始效仿他作集句诗。

切韵之学

切韵之学，本出于西域。汉人训字，止曰"读如某字"，未用反切。然古语已有二声合为一字者，如"不可"为"叵"、"何不"为"盍"、"如是"为"尔"、"而已"为"耳"、"之乎"为"诸"之类，以西域二合之音，盖切字之原也。如"辆"字，文从"而"、"犬"，亦切音也。殆与声俱生，莫知从来。

【译文】

切韵这门学问，源自西域。汉人为字注音，都只说"读如某字"，未曾使用反切的方法。然而古汉语中已经有用两个字的发音拼成另一个字的发音的做法了，例如"不可"拼读成"叵"、"何不"拼读成"盍"、"如是"拼读成"尔"、"而已"拼读成"耳"、"之乎"拼读成"诸"等等，用的都是西域将两个字的声母韵母拼读成另一个字的方法，这大概就是反切的起源了。还有，如"辐"字的右边由"而"和"犬"拼读成"耎"，这也是一种反切。拼音大概是和语言同时产生的吧，人们无从得知它们最初起源于何时。

鹳雀楼诗

河中府鹳雀楼三层，前瞻中条，下瞰大河，唐人留诗者甚多，唯李益、王之涣、畅诸三篇能状其景。李益诗曰："鹳雀楼西百尺墙，汀洲云树共茫茫。汉家箫鼓随流水，魏国山河半夕阳。事去千年犹恨速，愁来一日即知长。风烟并在思归处，远目非春亦自伤。"王之涣诗曰："白日依山尽，黄河入海流。欲穷千里目，更上一层楼。"畅诸诗曰："迥临飞鸟上，高出世尘间。天势围平野，河流入断山。"

【译文】

登上位于河中府的三层鹳雀楼，向前可以远望中条山，向下可以俯瞰黄河，唐朝诗人在此留下了很多诗句，其中只有李益、王之涣和畅诸的三篇最能体现登楼的情景。李益的诗云:"鹳雀楼西百尺墙,汀洲云树共茫茫。汉家箫鼓随流水,魏国山河半夕阳。事去千年犹恨速,愁来一日即知长。风烟并在思归处,远目非春亦自伤。"王之涣的诗云:"白日依山尽,黄河入海流。欲穷千里目,更上一层楼。"畅诸的诗云:"迥临飞鸟上,高出世尘间。天势围平野,河流入断山。"

鹳雀楼

海陵王墓铭

　　庆历中,予在金陵,有饔人以一方石镇肉,视之若有镌刻,试取石洗濯,乃宋海陵王墓铭,谢朓撰并书。其字如钟繇,极可爱,予携之十余年,文思副使夏元昭借去,遂托以坠水,今不知落何处。此铭朓集中不载,今录于此:"中枢诞圣,膺历受命,于穆二祖,天临海镜。显允世宗,温文著性,三善有声,四国无竞。嗣德方衰,时唯介弟,景祚云及,多难攸启。载骤轮猎,高辟代邸,庶辟欣欣,威仪济济。亦既负扆,言观帝则,正位恭己,临朝渊嘿。虔思宝缔,负荷非克,敬顺天人,高逊明德。西光已谢，东旭又良，龙蠹夕俨，葆挽晨锵。风摇草色，日照松光，春秋非我，晚夜何长！"

【译文】

庆历年间，我在金陵看见有厨子用一块方形石头压着肉，将石头拿开后肉上好像刻上了文字。我便将石头拿来用水洗净，一看原来是刘宋海陵王的墓志铭，是由谢朓撰文并刻在石头上的。字体像钟繇，十分可爱，我十多年来一直带在身边，后被文思副使夏元昭借走，又称掉到了水里，如今也不知在哪儿了。谢朓文集里没有收录这篇墓志铭，现在我将其记录在此："中枢诞圣，膺历受命，于穆二祖，天临海镜。显允世宗，温文著性，三善有声，四国无竞。嗣德方衰，时唯介弟，景祚云及，多难攸启。载骤轮猎，高辟代邸，庶辟欣欣，威仪济济。亦既负扆，言观帝则，正位恭己，临朝渊嘿。虔思宝缔，负荷非克，敬顺天人，高逊明德。西光已谢，东旭又良，龙蠹夕俨，葆挽晨锵。风摇草色，日照松光，春秋非我，晚夜何长！"

欧阳文忠推挽后学

欧阳文忠好推挽后学。王向少时为三班奉职，干当滁州一镇，时文忠守滁州。有书生为学子不行束脩，自往诣之，学子闭门不接。书生讼于

推挽后学

向，向判其牒曰："礼闻来学，不闻往教。先生既已自屈，弟子宁不少高？盍二物以收威，岂两辞而造狱！"书生不直向判，径持牒以见欧公。公一阅，大称其才，遂为之延誉奖进，成就美名，卒为闻人。

【译文】

欧阳修喜欢提拔有学识的年轻人。王向年轻时担任三班奉职，负责滁州某镇的事务。当时欧阳修任滁州知州。滁州有个教书的儒生因为学生没有交学费上学，便亲自前往学生家中授课，学生却关门不予接待。儒生便递状纸给王向状告这个学生，王向在他的状纸上批示说："按礼教，只听过学生来上学，没听过先生要前往授课的。先生自己已经屈尊，学生又怎会尊重你呢？你应处罚学生来保持尊严，何必双方到公堂来争执呢！"儒生认为王向的判决不公，便直接拿着状纸去见欧阳修。欧阳修读了王向的批示，大加赞赏他的才华，便为他广传美名，激励他努力进取，最终成就了王向的美名，使他成了一位名士。

"乌鬼"考

士人刘克，博观异书。杜甫诗有"家家养乌鬼，顿顿食黄鱼"，世之说者皆谓夔峡间至今有"鬼户"，乃夷人也，其主谓之"鬼主"，然不闻有"乌鬼"之说;又"鬼户"者,夷人所称,又非人家所养。克乃按《夔州图经》称:"峡中谓鸬鹚为'乌鬼'。蜀人临水居者,皆养鸬鹚,绳系其颈,使之捕鱼,得鱼则倒提出之,至今如此。"予在蜀中,见人家养鸬鹚使捕鱼,信然,但不知谓之"乌鬼"耳。

【译文】

士人刘克博览过许多罕见的书籍。杜甫有句诗云"家家养乌鬼,顿顿食黄鱼",世上解说此句的人都说夔峡地区到今天仍有"鬼户"一族,是夷人,其首领叫"鬼主",但没听说"鬼户"又称作"乌鬼";况且就算"鬼户"是对夷人的称谓,也不可能是每户人家都喂养的。刘克便考查《夔州图经》,里面称:"峡州地区称鸬鹚为'乌鬼'。蜀地的人住在水边,家家都饲养鸬鹚,用绳子将其脖子系起来让其捕鱼,待抓到鱼后就将其倒着提起,鱼从其嘴里掉出,到今天还是这样。"我在蜀中居住时,见过有人家饲养鸬鹚让其捕鱼,情况的确如此,只是不知道鸬鹚就是所谓的"乌鬼"。

卷九·书画

"耳鉴"与"揣骨听声"

藏书画者,多取空名,偶传为钟、王、顾、陆之笔,见者争售,此所谓"耳鉴"。又有观画而以手摸之,相传以谓色不隐指者为佳画,此又在"耳鉴"之下,谓之"揣骨听声"。

【译文】

收藏书画的人一般都只在意书画家的名气,偶有传闻说某个作品是钟繇、王羲之、顾恺之或陆探微所作,看见的人便都争着去购买,这就是"耳鉴"。又有些人看画要用手去摸,传说画布不磨手的就是好画,这连"耳鉴"都不如,叫"揣骨听声"。

高益匠心

相国寺旧画壁乃高益之笔,有画众工奏乐一堵最有意。人多病拥琵琶者误拨下弦:众管皆发"四"字,琵琶"四"字在上弦,此拨乃掩下弦,误也。予以谓非误也。盖管以发指为声,琵琶以拨过为声,此拨掩下弦,则声在上弦也。益之布置尚能如此,其心匠可知。

【译文】

相国寺的旧壁画是高益所作,其中有一幅画画的是众多乐工一同奏乐,最有意境。人们通常认为此画有处错误,即弹琵琶的乐工错拨了下弦:所有管乐器发的都是"四"字音,琵琶的"四"字音在上弦,这个乐工的手却拨在下弦,明显是错了。我却觉得没有错。因为管乐器是手指弹开后发声的,琵琶也应是手指弹过后发声,画中乐工的手指按在下弦正好表明是上弦在发声。高益的作品布置如此精妙,他的独到用心可想而知。

画工画佛光之谬

画工画佛身光,有匾圆如扇者,身侧则光亦侧,此大谬也。渠但见雕木佛耳,不知此常圆也。又有画行佛光,尾向后,谓之"顺风光",此亦谬也。佛光乃定果之光,虽劫风不可动,岂常风能摇哉?

佛法真身

【译文】

画工画佛祖身上的佛光时,有的人画成形如扇子的扁圆形,佛身偏转的时候佛光也随之转动,这是极大的错误。他们可能只见到过木头雕成的佛像,不知道佛光总是圆形的。还有人画行走着的佛光,光尾是向后的,称作"顺风光",这也是错误的。佛光是修成正果之光,即使是能毁灭世界的大风也吹不动它,怎么可能是一般的风能吹动的呢?

徐铉善小篆

江南徐铉善小篆,映日视之,画之中心有一缕浓墨,正当其中。至于屈折处亦当中,无有偏侧处。乃笔锋直下,不倒侧,故锋常在画中。此用笔之法也。铉尝自谓"吾晚年始得匾之法"。凡小篆,喜瘦而长;匾之法,非老笔不能也。

【译文】

南唐的徐铉很擅长写小篆,将其作品对着阳光看,会看见笔画的中心处都有一缕浓墨,正好位于正中心。在笔画弯转的地方这缕浓墨也正处中心,并没有偏到笔画的两侧。这是因为其笔锋直下,没有倒退也没有倾斜,所以笔锋总在笔画正中心。这是写小篆最正宗的运笔方法。徐铉曾说:"我晚年时才悟出用歪扁的笔法来写小篆的方法。"写小篆的人都喜欢写得又瘦又长,能用歪扁的手法来写的,非有经验的书法家不能为。

吴道子画圆光

《名画录》:"吴道子尝画佛,留其圆光,当大会中,对万众举手一挥,园中运规,观者莫不惊呼。"画家为之,自有法,但以肩倚壁,尽臂挥之,自然中规。其笔画之粗细,则以一指拒壁以为准,自然均匀。此无足奇,道子妙处不在于此,徒惊俗眼耳。

【译文】

《名画录》里记载:"有一次吴道子画佛像,留下圆形的佛光没有画,当很多人聚集来观画时,他当着众人举起手一挥,画中的圆就好像用圆规画出的一样,众人无不惊呼的。"画家如此画圆自有其法,只需将肩膀靠在墙上,将胳膊伸直从头上挥出去,画成的圆自然就符合了圆规的弧度。笔画的粗细就是以一个手指抵在墙上为标准,这样自然会画得均匀。这没什么可奇怪的,吴道子作画的妙处并不在此,他这么做只是为了使看到的俗人感到惊奇罢了。

徐熙与黄筌

国初,江南布衣徐熙、伪蜀翰林待诏黄筌,皆以善画著名,尤长于画花竹。蜀平，黄筌并子居宝、居寀、居实，弟惟亮，皆隶翰林图画院，擅名一时。其后江南平，徐熙至京师，送图画院。品其画格，诸黄画花，妙在赋色，用笔极新细，殆不见墨迹，但以轻色染成，谓之"写生"；徐熙以墨笔画之，殊草草，略施丹粉而已，神气迥出，别有生动之意。筌恶其轧己，言其粗恶不入格，罢之。熙之子乃效诸黄之格，更不用墨笔，直以彩色图之，谓之"没骨图"，工与诸黄不相下，筌等不复能瑕疵，遂得齿院品。然其气韵，皆不及熙远甚也。

【译文】

我朝立国初期，江南布衣徐熙和后蜀翰林待诏黄筌二人都以擅长作画而闻名于世，此二人尤其擅长画花草和竹子。后蜀被我朝平定后，黄筌同其子居宝、居寀、居实，以及弟弟惟亮都来到翰林图画院供职，一时无人不晓。后来江南一带也被我朝平定，徐熙也被征召入京，也到图画院供职。品论他们二人的画风，黄筌及其子其弟所画的花草，精妙之处在于着色极其鲜亮细致，几乎看不见墨迹，只用极淡的颜色染出，叫作"写生"；徐熙的画则是用墨笔画成，看似潦草，但在墨上稍加彩色，就已神气尽现，另具一番生动的意味。黄筌憎恨徐熙的画比自己的好，就说徐熙的画粗俗不入流，罢免了徐熙在图画院的职位。徐熙的儿子便效仿黄筌的画风，不用墨，直接用色来画，称之为"没骨图"，精妙程度与黄筌等人的图画不相伯仲。黄筌无法再挑徐熙儿子的毛病了，便将此画收入了图画院的作品集中。但"没骨图"的气韵终究远远不及徐熙的作品。

王羲之《乐毅论》石刻

王羲之书，旧传唯《乐毅论》乃羲之亲书于石，其他皆纸素所传。唐太宗哀聚二王墨迹，唯《乐毅论》石本在，其后随太宗入昭陵。朱梁时，耀州节度使温韬发昭陵得之，复传人间。或曰公主以伪本易之，元不曾入圹。本朝入高绅学士家。皇祐中，绅之子高安世为钱塘主簿，《乐毅论》在其家，予尝见之。时石已破缺，末后独有一"海"字者是也。其家后十余年，安世在苏州，石已破为数片，以铁束之。后安世死，石不知所在。或云苏州一富家得之，亦不复见。今传《乐毅论》皆摹本也，笔画无复昔之清劲。羲之小楷字，于此殆绝。《遗教经》之类，皆非其比也。

王羲之

【译文】

旧时传言王羲之的书法作品中只有《乐毅论》是他亲笔写在石板上

山水画

的，其他的作品都是写在纸或绢上流传出去的。唐太宗曾搜寻羲之父子的墨迹，只剩刻有《乐毅论》的石板尚在，后来石板也随太宗葬入了昭陵。后梁时，耀州节度使温韬挖开昭陵得到了写有《乐毅论》的石板，这才使其又流传于世。也有人传说太宗的公主在太宗入葬时用伪造的石板调换了真板，真正的石板从不曾进入昭陵。到了本朝，这块石板被学士高绅收藏在家中。皇祐年间，高绅的儿子高安世担任钱塘主簿，《乐毅论》的石板就在其家中，我曾亲眼见到过。当时石板已经残破不堪，其上文章也只剩最后一个"海"字。这之后又过了十多年，高安世已在苏州为家，石板已经破成好几片了，只能用铁丝捆起来。后来高安世去世了，石板也不知道哪里去了。有人说石板被苏州一个富贵人家得到了，但却再也没有人亲眼见过。如今流传于世的都只是《乐毅论》的临摹作品，笔画功力已全无先前羲之的清劲。羲之的小楷字自此就绝迹了。至于《遗教经》一类的作品都无法与之相提并论。

董源、巨然山水画

　　江南中主时，有北苑使董源善画，尤工秋岚远景，多写江南真山，不为奇峭之笔。其后建业僧巨然祖述源法，皆臻妙理。大体源及巨然画笔皆宜远观，其用笔甚草草，近视之几不类物象，远观则景物粲然，幽情远思，如睹异境。如源画《落照图》，近视无功，远观村落杳然深远，悉是晚景，远峰之顶宛有反照之色，此妙处也。

【译文】

　　江南中主还在位时，有一个名叫董源的北苑使很擅长作画，尤其擅长画秋天暮霭时分山林的远景，其作品多为对江南山水的写真画，并没有使用十分奇异峻峭的手法。后来建业的僧人巨然延续了董源的画风，其画也达到了极为精妙的境界。大体上说，董源和巨然的画都应从远处欣赏，他们用笔十分潦草，若近看几乎看不出物体的形状，而远观就会呈现朦胧的景物形态，其画寄托着悠然深远的情思，让人如同身临其境。例如董源的《落照图》，近看看不出有什么，远观则村落缥缈深远，一派日落时分的晚景，远处的山峰仿佛有落日反射的光泽，这正是此画作的精妙之处。

卷十·技艺

毕昇发明活字印刷

　　板印书籍，唐人尚未盛为之，自冯瀛王始印五经已后，典籍皆为板本。庆历中，有布衣毕昇又为活板。其法，用胶泥刻字，薄如钱唇，每字为一印，火烧令坚。先设一铁板，其上以松脂、腊和纸灰之类冒之，欲印则以一铁范置铁板上，乃密布字印。满铁范为一板，持就火炀之，药稍镕，则以一平板按其面，则字平如砥。若止印三二本，未为简易；若印数十百千本，则极为神速。常作二铁板，一板印刷，一板已自布字，此印者才毕，则第二板已具，更互用之，瞬息可就。每一字皆有数印，如"之"、"也"等字，每字有二十余印，以备一板内有重复者。不用则以纸贴之，每韵为一贴，木格贮之。有奇字素无备者，旋刻之，以草火烧，瞬息可成。不以木为之者，木理有疏密，沾水则高下不平，兼与药相粘不可取。不若燔土，用讫，再火令药镕，以手拂之，其印自落，殊不沾污。昇死，其印为予群从所得，至今保藏。

【译文】

　　用刻木板来印书的方法在唐朝时还没有盛行，自冯瀛王刻印五经开

始，之后的经典书籍便都是用木板刻印的。庆历年间，有位名叫毕昇的平民发明了用活字板印书的方法。其做法是先用胶泥刻字，字的厚度和铜钱的边一样，每个字都做成一个印，再放在火上烤结实。然后准备好一块铁板，将松脂、蜡和纸灰混合起来铺到铁板上，印书时再把一个铁制的模具放到铁板上，在模具里排满字印。排满一模就为一板，接着就将铁板放到火上烤，等那些混合的松脂、蜡和纸灰稍微有些熔化的时候，立刻在字印上压上一块平板，字印就会像磨刀石一样平整了。用这种方法若只印两三本书不见得很方便，但若印几十本、几百本或者几千本书时，此法就会显得十分简便快捷。用这种方法印书前通常要准备两个铁板，一板印刷时，另一板排字，这板印完了，另一板的字也已准备就绪，轮换着用，一本书一会儿就可印完。每个字可能有好几个字印，像"之"、"也"等，每字就准备有二十多个字印，以备一板内有重复的字。不印书时就将字印用纸贴上，每韵字为一贴纸，放到木架上。若遇到平时没有准备的生字，就立即刻出来用草火烧好，一会儿就能做好了。之所以不用木板刻字是因为木头的纹理有疏有密，沾水后容易高低不平，还容易和铺在铁板上的混合物黏合，不方便拿下来，不如胶泥刻的字。胶泥的字印用完后再用火烤一下，上面的混合物就熔化了，用手抹一下字印自己就掉了下来，一点泥污都不会粘上。毕昇死后，他的字印被我侄子得到，至今还保存着。

梵天寺木塔

钱氏据两浙时，于杭州梵天寺建一木塔。方两三级，钱帅登之，患其塔动。匠师云："未布瓦，上轻，故如此。"乃以瓦布之，而动如初。无可奈何，密使其妻见喻皓之妻，贻以金钗，问塔动之因。皓笑曰："此易耳。但逐层布板讫，便实钉之，则定不动矣。"匠师如其言，塔遂定。盖钉板上下弥束，六幕相联如胠箧，人履其板，六幕相持，自不能动。人皆服其精练。

【译文】

　　钱氏占据两浙地区时，曾在杭州的梵天寺修建了一座木塔。塔刚建到两三层时，吴越王钱帅登上塔，觉得塔在摇晃。工匠说："还没有铺瓦，上层很轻，所以会感到摇晃。"于是将瓦铺好，但塔还是和以前一样摇晃。工匠没有办法，便让自己的妻子私下去见喻皓的妻子，送金钗给喻妻，让她向喻皓询问塔晃动的原因。喻皓笑着说："这很简单。只要每层装完木板后用钉子将木板钉紧，塔便不摇晃了。"工匠照喻皓的话做了，塔于是稳定了下来。这是因为钉紧的木板上下之间都被固定住，整个塔六个面的木板联起来就好比一个大箱子，人在上面走，六个面相互支撑，自然不会摇晃。人们因此都很佩服喻皓的高明之处。

神臂弓

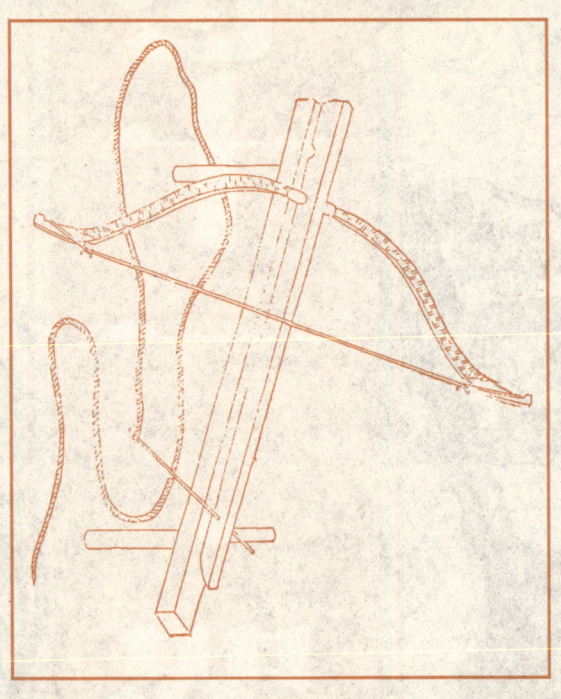

弩

熙宁中，李定献偏架弩。似弓而施干镫。以镫距地而张之，射三百步，能洞重札。谓之"神臂弓"，最为利器。李定，本党项羌酋，自投归朝廷，官至防团而死，诸子皆以骁勇雄于西边。

【译文】

熙宁年间，李定向朝廷进献了一个偏架弩。偏架弩外形和平常的弓弩相似，但装有一个铁镫，用脚将铁镫踩到地上将弓拉开，射出的箭能达到三百步远，还能穿透很多层盔甲，人称之为"神臂弓"，是当时最有威力的武器。李定原是党项羌人的首长，归顺朝廷后官职高至团练使、防御使时便去世了，他的儿子们都以善战骁勇在西部地区称雄称霸。

沈卢、鱼肠

古剑有"沈卢"、"鱼肠"之名（沈音湛）。"沈卢"，谓其湛湛然黑色也。古人以剂钢为刃，柔铁为茎干，不尔则多断折。剑之钢者，刃多毁缺，"巨阙"是也，故不可纯用剂钢。"鱼肠"，即今蟠钢剑也，又谓之"松文"，取诸鱼燔熟，褫去胁，视见其肠，正如今之蟠钢剑文也。

【译文】

古时有称"沈卢"和"鱼肠"的名剑（沈音湛）。"沈卢"是说剑很有光泽，颜色黑亮。古人用有杂质的钢做剑刃，用熟铁做剑身，这样的剑不易折断。但用钢铸成的剑，剑刃大多都有缺损，古时的"巨阙"剑就是如此，所以铸剑不能只用有杂质的钢。"鱼肠剑"就是今天的蟠钢剑，又叫"松文剑"。将鱼煮熟后去掉两边的鱼肉，观察鱼肠，可以看出鱼肠和蟠钢剑的花纹是一样的。

凸面镜

古人铸鉴，鉴大则平，鉴小则凸。凡鉴洼则照人面大，凸则照人面小。小鉴不能全视人面，故令微凸，收人面令小，则鉴虽小而能全纳人面；仍复量鉴之大小，增损高下，常令人面与鉴大小相若。此工之巧智。后人不能造，比得古鉴，皆刮磨令平，此师旷所以伤知音也。

【译文】

　　古人铸铜镜时，镜面大的就铸成平面镜，镜面小的就铸成凸面镜。用凹面镜照人，人脸会变大；用凸面镜照人，人脸会变小。镜面太小不能将人脸照全，于是就将其做成凸面镜，使镜子收入的人脸变小，这样一来，镜面虽小却仍能将人脸全部照出。测量镜面的大小，增加或减少镜面的高度，使镜子收入的人脸大小和镜面大小相同，这是古时制镜人的智慧，后人无法造出这种镜子。而人们得到了古铜镜后，又都将镜面刮平磨平了，这就是师旷感慨没有知音的原因。

唐肺石

　　长安故宫阙前，有唐肺石尚在。其制如佛寺所击响石而甚大，可长八九尺，形如垂肺；亦有款志，但漫剥不可读。按《秋官·大司寇》："以肺石达穷民。"原其义、乃伸冤者击之，立其下，然后士听其词，如今之挝登闻鼓也。所以肺形者，便于垂；又肺主声，声所以达其冤也。

【译文】

　　长安旧宫前面还留有一块唐朝的肺石。此石和佛寺用来敲击的响石相似,但特别大,长达八九尺,形如垂下来的肺;上面还有文字,但都已脱落,无法识别。《周礼·秋官·大司寇》里记载道:"以肺石达穷民。"探究这句话的含义,应是想要申冤的穷苦百姓站在石下击打肺石,然后讼官前来听其申诉,好比今天的击打登闻鼓。此石呈肺形是为了便于垂挂;同时肺又主声,而声音可以传达冤情。

透光镜

　　世有透光鉴,鉴背有铭文,凡二十字,字极古,莫能读。以鉴承日光,则背文及二十字皆透在屋壁上,了了分明。人有原其理,以谓铸时薄处先冷,唯背文上差厚,后冷而铜缩多;文虽在背,而鉴面隐然有迹,所以于光中现。予观之,理诚如是。然予家有三鉴,又见他家所藏,皆是一样,文画铭字无纤异者,形制甚古,唯此一样光透,其他鉴虽至薄者,皆莫能透。意古人别自有术。

【译文】

　　世间流传着一面能透光的铜镜,此镜背面刻有铭文,一共二十字,字体十分古老,没人能懂。用镜子正面接阳光,则其背面的花纹和二十个字的铭文都能透射到墙上,而且十分清晰。有人探寻其中的原理,认为是因为在铸造这面铜镜时,较薄的部分先冷,而背面的花纹和铭文处较厚,冷得慢,铜收缩得要多一些;花纹和铭文虽在镜子背面,但在正面仍隐约留有痕迹,所以在光照下就显现了出来。我观察了这面镜子,觉得其原理确实如此。但我家中有三面铜镜,还见过别人家里收藏的一面,都和此镜的样式都一样,花纹图案和铭文也几乎无异,样子也都很古老,但唯独这面镜子能透光,其他镜子就算最薄的也不透光。我想古人可能另有一种特别的造镜技术吧。

弩机矩度

予顷年在海州,人家穿地得一弩机。其望山甚长,望山之侧为小矩,如尺之有分寸。原其意,以目注镞端,以望山之度拟之,准其高下,正用算家勾股法也。《太甲》曰:"往省括于度则释。"疑此乃"度"也。汉陈王宠善弩射,十发十中,中皆同处。其法以"天覆地载,参连为奇,三微三小,三微为经,三小为纬,要在机牙"。其言隐晦难晓,大意"天覆地载",前后手势耳;"参连为奇",谓以度视镞,以镞视的,参连如衡,此正是勾股度高深之术也;"三经三纬",则设之于堋,以志其高下左右耳。予尝设三经三纬,以镞注之,发矢亦十得七八；设度于机，定加密矣。

【译文】

　　我这几年曾在海州看见一户人家挖地时挖出一架弩机。这架弩机用来瞄准的零件特别长，瞄准零件旁边还有一个小矩尺，尺上如同平常用的矩尺一样有刻度。探究这些零件的用意，应该是在射箭时，用眼睛看着箭头，瞄准零件上的刻度来预测发射角度，以此来调整箭头的高度，此运用的是算术家常用的勾股法。《尚书·太甲》称："箭的尾部和瞄准的刻度重合就能发射。"我怀疑这个小矩尺就是《太甲》里所说的"刻度"。汉末的陈王刘宠擅长射箭，十发十中，而且每次都能射中同一处。据记载，他射箭的方法是"天覆地载，参连为奇，三微三小，三微为经，三小为纬，要在机牙"。这几句话晦涩难懂，大概意思为："天覆地载"指瞄准时调整前后的手势；"参连为奇"即将矩尺的刻度对准箭头，将箭头对准靶心，使刻度、箭头和靶心处在一条水平线上，这正是运用勾股法中确定高低深浅的方法；"三经三纬"是指刻在靶墙上用来标记箭靶上下左右的三条经线和三条纬线。我曾按照这种方法划出三条经线三条纬线，瞄准后射箭，十次中也有七八次能射中；如果将刻度刻在弩机上，那命中率肯定会更高。

青堂羌善锻甲

青堂羌善锻甲,铁色青黑,莹彻可鉴毛发。以麝皮为綍旅之,柔薄而韧。镇戎军有一铁甲,楪藏之,相传以为宝器。韩魏公帅泾原,曾取试之,去之五十步,强弩射之,不能入。尝有一矢贯札,乃是中其钻空,为钻空所刮,铁皆反卷,其坚如此。凡锻甲之法,其始甚厚,不用火,冷锻之,比元厚三分减二乃成。其末留筯头许不锻,隐然如瘊子,欲以验未锻时厚薄,如浚河留土笋也,谓之"瘊子甲"。今人多于甲札之背,隐起伪为瘊子;虽置瘊子,但元非精钢,或以火锻为之,皆无补于用,徒为外饰而已。

【译文】

青堂的羌人很擅长锻造铠甲,铠甲上的铁片呈青黑色,晶莹透彻得能照见毛发;他们用麝皮做背心并用甲片进行装饰,造出的铠甲柔软轻便又很结实。镇戎军中有一副铠甲,存放在木匣里,军中首领将其视作宝物一般屡屡相传。韩魏公担任泾原元帅时,曾将此铠甲拿出来做试验,在五十步外用强弩对其射击,结果无法射穿。也有一支箭穿过了甲片,原来正好射中了甲片上的钻孔,箭头反而被钻孔刮得铁片都卷了起来,可见甲片的坚硬程度。所有锻造铠甲的方法,都是最初的铁片很厚,但并不用火高温锻造,只是低温锻打,一直打到铁片的厚度减少了三分之二就锻好了。铁片末端要留出筷子头大小的一块不锻打，看上去隐约像个瘊子，为的是用作原始厚度进行比较，就好比疏通河道时要留一些笋状的土堆，这种铠甲叫作"瘊子甲"。现在人们锻甲时大多在甲片的后面留一个假瘊子；虽有瘊子，但材料却不是精钢，有些瘊子还是用火高温锻打出来的，这些都没用，只不过是一种表面的装饰罢了。

折玉钗与玉臂钗

朝士黄秉少居长安，游骊山，值道士理故宫石渠，石下得折玉钗，刻为凤首，已皆破缺，然制作精巧，后人不能为也。郑愚《津阳门诗》云："破簪碎钿不足拾，金沟浅溜和缨绥。"非虚语也。予又尝过金陵，人有发六朝陵寝，得古物甚多。予曾见一玉臂钗，两头施转关，可以屈伸令圆，仅于无缝，为九龙绕之，功侔鬼神。世多谓前古民醇，工作率多卤拙，是大不然。古物至巧，正由民醇故也，民醇则百工不苟。后世风俗虽侈，而工之致力不及古人，故物多不精。

【译文】

朝廷要员黄秉年轻时曾在长安居住，他有一次到骊山游玩，恰巧遇到一个道士正在整修旧宫殿的石渠。道士在石头下发现一支断了的玉钗，钗头雕刻成凤头的形状，虽已残破不堪，但做工的精巧却是后人无法企及的。郑愚的《津阳门诗》中写道："破簪碎钿不足拾，金沟浅溜和缨绥。"此话不虚。我以前路过金陵时，看到有人挖掘六朝君主的墓穴，挖出了很多古物。我见过其中的一支玉臂钗，钗两端都设有旋转机关，可以任意伸直、弯曲或变成圆形，几乎看不到缝隙，钗上还环绕着九条龙，真可谓鬼斧神工。人们常说古人敦厚，其手工做出的东西大都很拙劣，其实并非如此。古时的物品之所以制作得那么精巧，原因正是古人的敦厚，正因为如此他们才能一丝不苟地进行手工制作。后世的民风虽很奢华，但在手工艺的制作上功力却不如古人，做出的物品也都多不精巧。

卷十二·神奇

原 始 石 斧

　　世人有得雷斧、雷楔者，云雷神所坠，多于震雷之下得之，而未尝亲见。元丰中，予居随州，夏月大雷震，一木折其下，乃得其一楔，信如所传。凡雷斧，多以铜铁为之，楔乃石耳。似斧而无孔。世传雷州多雷，有雷祠在焉，其间多雷斧、雷楔。按《图经》，雷州境内有雷、擎二水，雷水贯城下，遂以名州。如此，则"雷"自是水名，言多雷乃妄也。然高州有电白县，乃是邻境，又何谓也？

【译文】

　　传说世间有人捡到过雷斧、雷楔，说这是雷神掉落的，且大多都在震雷下面的地上捡到的，我没有亲眼见过。元丰年间，我在随州居住时，一次夏天打震雷，一棵树被雷劈倒，我在树下也捡到一个雷楔，果然和人们传说的一样。雷斧大都是用铜铁打造的，而雷楔则是用石头制成的，形状像斧子，但没有孔。传说雷州经常打雷，还建有雷祠，祠中有很多雷斧和雷楔。《图经》上说雷州境内有两条河：雷河和擎河，雷河穿城而出，所以此城就取名雷州。这么说来，"雷"是河的名字，说雷州因经常打雷而得名就是虚妄的说法。然而高州有一个县叫电白县，和雷州毗邻，这个"电白"又是何意呢？

陨 石

治平元年，常州日禺时，天有大声如雷，乃一大星几如月，见于东南；少时而又震一声，移著西南；又一震而坠在宜兴县民许氏园中，远近皆见火光赫然照天，许氏藩篱皆为所焚。是时火息，视地中有一窍如杯大，极深。下视之，星在其中荧荧然，良久渐暗，尚热不可近。又久之，发其窍，深三尺余，乃得一圆石，犹热。其大如拳，一头微锐，色如铁，重亦如之。州守郑伸得之，送润州金山寺，至今匣藏，游人到则发视。王无咎为之传，甚详。

【译文】

治平元年，某日快到正午时，常州上空忽然传来一声巨响，声大如雷，只见一颗和月亮一样大小的星星出现在东南方的天空；一会儿又一声巨响，星星移到了西南方的天空；过了一会儿又是一声巨响，星星落了下来，掉进了宜兴县许氏人家的园子，远近都能看见火光照亮了天空，许家的篱笆都被火烧毁了。待火灭了后，人们前去观看，只见地上有一个杯口大的洞，很深。从洞口往下看，能看到星星在里面发着微光，过了很久才灭，但因温度太高而无法靠近。又过了很久，人们将洞挖开，洞深三尺多，里面有一块圆形石头，还是热的。圆石和拳头一样大，一端稍尖，颜色如铁，重量也和铁相当。常州守令郑伸将其拿来，送到了润州金山寺。到今天那块圆石还在寺中，用木匣收藏着，游人来了就可开匣观赏。王无咎还为此事写了一篇传，将此事记录得十分详细。

雷 震

内侍李舜举家曾为暴雷所震。其堂之西室,雷火自窗间出,赫然出檐,人以为堂屋已焚,皆出避之。及雷止,其舍宛然,墙壁、窗纸皆黔。有一木格,其中杂贮诸器,其漆器银扣者,银悉镕流在地,漆器曾不焦灼。有一宝刀,极坚钢,就刀室中镕为汁,而室亦俨然。人必谓火当先焚草木,然后流金石;今乃金石皆铄,而草木无一毁者,非人情所测也。佛书言"龙火得水而炽,人火得水而灭",此理信然。人但知人境中事耳,人境之外,事有何限?欲以区区世智情识,穷测至理,不其难哉!

【译文】

内侍李舜举的家曾被强雷击中,雷火从其堂屋西面房间的窗户进入,一下子就窜到了屋檐上,家里人都以为堂屋已经着火要被烧毁了,全都跑出去躲藏。雷停后,堂屋却仍和从前一样,只是墙壁、窗纸全都变黑了。屋子里有个木架,上面杂乱地放着很多器具,其中那些镶银的漆器上的银饰都熔化流到了地上,漆器本身却没有被烧坏。有一把宝刀,十分坚硬,但就在刀鞘里化成了铁水,

雷火焚屋

而刀鞘仍完好如初。通常人们肯定认为雷火会先将草木焚烧掉，再将金石熔化；如今却是金石都被熔化了，草木却没有被烧毁，这不符合人之常情。佛书上说："龙火遇水会烧得更旺，人火遇水就会熄灭。"道理确实如此。人们只知道世间的常理，但人世之外的事又哪有止境呢？企图以人世间的情理和智慧去认识和追寻最终的道理，岂不是太难了吗？

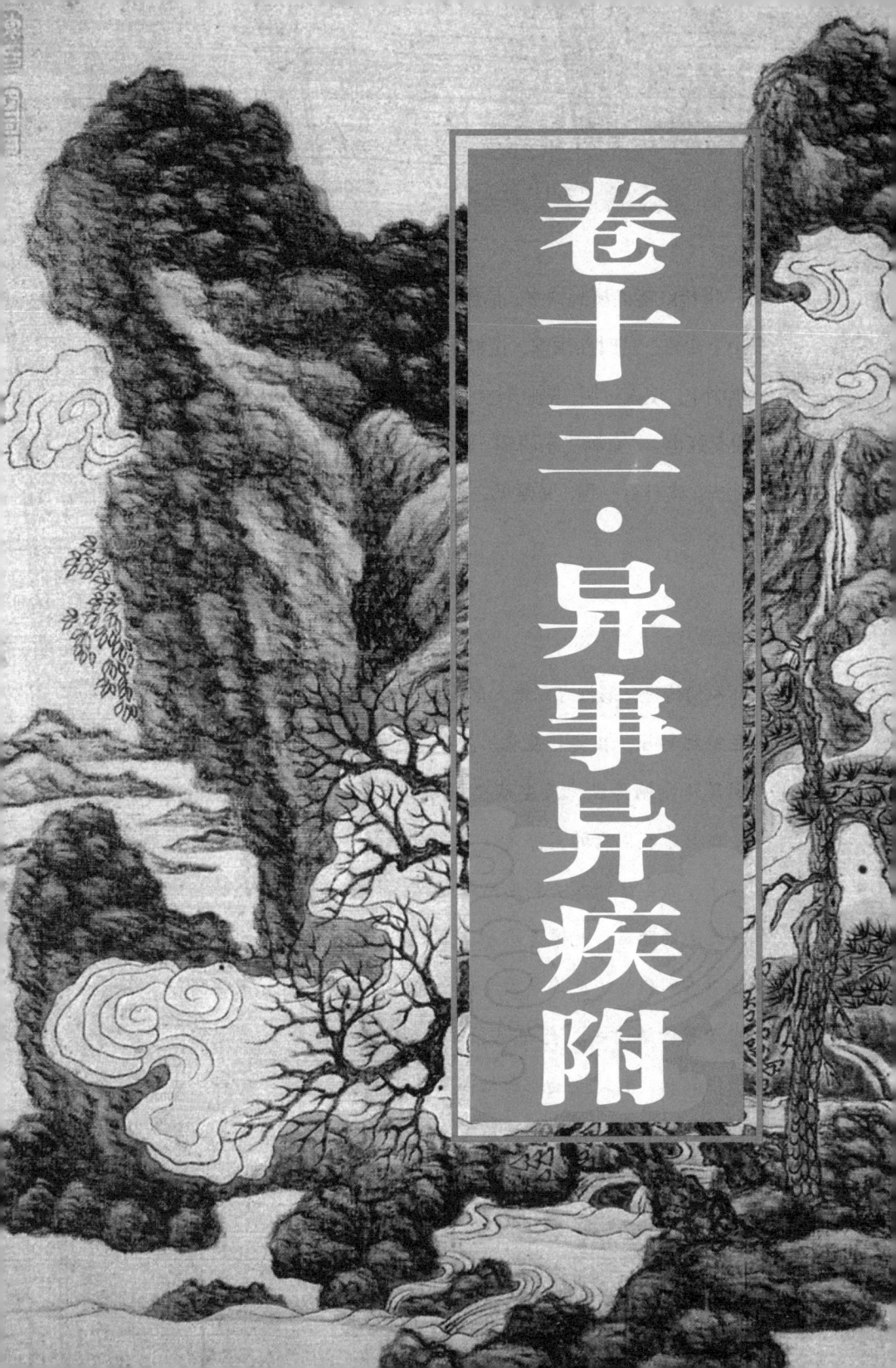

卷十三·异事异疾附

虹

　　世传虹能入溪涧饮水，信然。熙宁中，予使契丹，至其极北黑水境永安山下卓帐。是时新雨霁，见虹下帐前涧中。予与同职扣涧观之，虹两头皆垂涧中。使人过涧，隔虹对立，相去数丈，中间如隔绡縠。自西望东则见（盖夕虹也）；立涧之东西望，则为所铄，都无所睹。久之，稍稍正东，逾山而去。次日行一程，又复见之。（孙彦先云："虹，雨中日影也，日照雨即有之。"）

【译文】

　　人们传说，彩虹可以进入溪流中喝水，这是真的。熙宁年中，我作为使臣前往契丹，在契丹最北端黑水范围内的永安山下支好了帐篷住下。那时阵雨刚刚停歇，天空放晴，只见有彩虹降落到了帐篷前面的溪水里。我与跟我同行的同僚走进溪水里查看，只见彩虹的两端全都垂落在溪流中。我们又叫人去到溪水的对岸，大家在彩虹的两边相对站立着，隔着几丈的距离，就像是有一条薄薄的纱巾阻隔在其间。从西往东观看便可以看到彩虹（也许是因为这个彩虹是在黄昏时分出现的）；从溪流的东边往西边看去，会发现彩虹融到了阳光之中，无法再见。过了很长一段时间，彩虹慢慢地开始往东挪动，最终翻过了山峰消失了。第二日，我们接着往前行进，然后再次看到了彩虹。（孙彦说："彩虹是太阳映衬在雨里的影子，只要太阳照射在雨上便会有彩虹呈现。"）

夹镜之疑

予于谯亳得一古镜,以手循之,当其中心,则摘然如灼龟之声。人或曰,此夹镜也。然夹不可铸,须两重合之。此镜甚薄,略无焊迹,恐非可合也。就使焊之,则其声当铣塞;今扣之,其声泠然纤远。既因抑按而响,刚铜当破,柔铜不能如此澄莹洞彻。历访镜工,皆罔然不测。

【译文】

我在谯亳地区得到一面古时的铜镜,拿手轻抚,碰触到镜子的正中时,便会发出绽裂似的响声,就如同把乌龟壳放到火中炙烤的声音一样。有些人说这个镜子是一面夹镜,总共有两层。但是两层的铜器是无法一次性铸造的,只能将两层分别锻造之后再拼接到一起。这个镜子非常的轻薄,没有丝毫拼接的迹象,应该不是焊接到一块的。就算将它看作是焊连而成的,那样一来,它的声响便应当是凝滞而不畅通的。但是现今敲击它的时候,它发出的响声却是清脆响亮的。既然它在受到挤按的时候也会发出声音,那么它要是硬铜所制便会出现裂痕,而如果材质是软铜又无法这样的透彻清亮。我寻访了很多制作铜镜的工匠,他们也都想不明白这面镜子的构造。

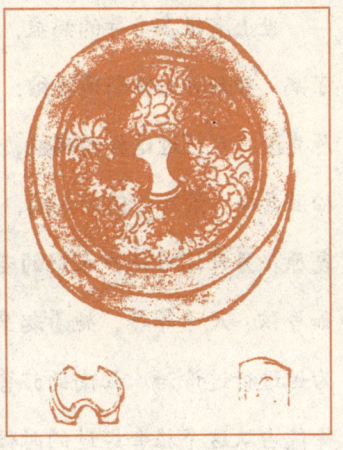

夹镜

奇 疾

世有奇疾者。吕缙叔以知制诰知颍州，忽得疾，但缩小，临终仅如小儿。古人不曾有此疾，终无人识。有松滋令姜愚，无他疾，忽不识字，数年方稍稍复旧。又有一人家妾，视直物皆曲，弓弦、界尺之类，视之皆如钩，医僧奉真亲见之。江南逆旅中一老妇，啖物不知饱。徐德占过逆旅，老妇诉以饥，其子耻之，对德占以蒸饼啖之，尽一竹簣，约百饼，犹称饥不已；日饭一石米，随即痢之，饥复如故。京兆醴泉主簿蔡绳，予友人也，亦得饥疾，每饥立须啖物，稍迟则顿仆闷绝。怀中常置饼饵，虽对贵官，遇饥亦便龁啖。绳有美行，博学有文，为时闻人，终以此不幸，无人识其疾，每为之哀伤。

【译文】

世上有很多奇异的病症，吕缙叔以知制诰的官衔担任颍州知州，突然患了病，身形开始不断地收缩，到去世之前，大小就如同一个小孩子一样了。原先没有人得过这样的病症，所以一直无人能够医治。还有一个叫作姜愚的松滋县令，没有任何的毛病，但是却突然不认识字了，过了好几年才慢慢地复原。另外还有一户人家的妾室，笔直的物体在她的眼中都是弯折的，比如弓弦、尺子等等，她看起来都如同弯钩，治病的僧人奉真曾经面对面地为她进行过诊治。江南的旅舍里有一个老婆婆，进食的时候没有饱腹感。徐德占从这个旅舍经过的时候，老婆婆说她十分饥饿，她的儿子感到很没有面子，便在德占面前拿蒸饼给她吃，想叫她一次吃饱，但是大概吃了一百个饼之后，她还是一直叫饿；这个老婆婆每天可以吃掉一石的米饭，吃过以后立刻便会拉肚子，食物全都排了出去，然后便又会感到饥饿。京兆醴泉县主簿蔡绳跟我是好友，也患了这样的疾病，每当他感到饥饿的时候就要立刻进食，如果稍有耽搁便会摔到地上昏死过去。他的身上总是带着点心，哪怕是面对着达官贵人，肚子饿的时候也要立刻吃饭。蔡绳品性端正，知识渊博，文笔也十分优秀，声名远播，没想到竟然遭遇了这样不幸的事情，没有任何人可以治疗他的病症，我经常为此而感到伤心。

海市蜃楼

　　登州海中，时有云气如宫室台观城堞、人物车马冠盖，历历可见，谓之"海市"。或曰蛟蜃之气所为，疑不然也。欧阳文忠曾出使河朔，过高唐县驿舍中，夜有鬼神自空中过，车马人畜之声一一可辨，其说甚详，此不具纪。闻本处父老云，二十年前尝昼过县，亦历历见人物，土人亦谓之"海市"，与登州所见大略相类也。

【译文】

　　登州地区的海上，经常会有云气汇聚，宫廷、楼台、城墙、人物、马车、华盖等等事物都清晰可辨，就像真的一样，大家将此叫作"海市"。

有些人认为会有这样的景象,是因为海里的蛟龙蜃所吐出的气体造成的,我对这种说法很是怀疑。欧阳文忠公曾经奉命前去河北,有一天晚上在高唐县驿所的官舍里居住时,听到有鬼怪从天上经过,人声鼎沸,牲畜嘶鸣,所有声音都一清二楚,他讲述得非常详尽,就不在此一一描述了。我寻访过居住在高唐的百姓,他们说,二十年以前,这样的情形也曾经出现在白天,那些人和物全都清晰可见,本地人也把这叫作"海市",跟在登州见到的景象基本上是一样的。

延州石笋

近岁延州永宁关大河岸崩,入地数十尺,土下得竹笋一林,凡百茎,根干相连,悉化为石。适有中人过,亦取数茎去,云欲进呈。延郡素无竹,此入在数十尺土下,不知其何代物。无乃旷古以前,地卑气湿而宜竹耶?婺州金华山有松石,又如桃核、芦根、地蟹之类,皆有成石者,然皆其地本有之物,不足深怪。此深地中所无,又非本土所有之物,特可异耳。

【译文】

近些年,紧邻延州永宁关的黄河河岸坍塌,在地面以下几十尺的土壤中,发现了成片的竹笋,总共超过了一百棵,根部与枝干连接在一起,全都

石笋

变成了石头。正巧有宦官从此处经过,就拿走了几棵,说要进献给皇帝。延州一直不出产竹子,这片石竹笋被掩埋在几十尺的地底,也不晓得是哪个年代的。难不成在远古时期,还没有人类的时候,这个地区地形低矮,气候湿润,十分适合竹子的成长?婺州金华山区存有松树的化石,还有桃核、芦根、地螃蟹等等,也都存在变成石头的情况。不过这些东西全都是原本就生长在本地的事物,所以也没有什么值得奇怪的。但是这些竹笋却是出现在很深的地下土壤里,那里是不会存在竹笋的(竹子无法在地底生长),而且它们也并非当地的植被,因此让人觉得非常怪异。

卷十四·谬误谲诈附

丁晋公之逐

丁晋公之逐，士大夫远嫌，莫敢与之通声问。一日忽有一书与执政，执政得之不敢发，立具上闻。洎发之，乃表也，深自叙致，词颇哀切。其间两句曰："虽迁陵之罪大，念立主之功多。"遂有北还之命。谓多智变，以流人无因达章奏，遂托为执政书，度以上闻，因蒙宽宥。

【译文】

丁晋公被放逐之后，士大夫为了避嫌，无人敢跟他来往，也没有人跟他通音讯。有一日，执政大臣突然收到了他的一封信，不敢开启信件，即刻向皇帝汇报了此事。皇帝打开信件后才发现此信是一篇奏章，奏章里竭力描述了自身的境况，为自己的罪责进行辩护，语气十分的诚恳，让人怜悯不已。信中有两句话是这样说的："虽然移动先帝陵墓罪大恶极，但是希望皇上可以顾念到微臣曾经帮助您即位，也曾立下过汗马功劳。"就这样，仁宗同意他搬回内地了。丁晋公可以说是一个足智多谋，极其懂得变通的人，身为被放逐在外的罪臣，他知道凭己之力无法将奏章递送给皇上，所以便假装这是寄给执政大臣的信件，借执政大臣之手将奏章呈给了皇上。由此，他得到了皇上的饶恕，得以回归内地。

包孝肃为吏所卖

包孝肃尹京,号为明察。有编民犯法当杖脊。吏受赇与之约曰:"今见尹,必付我责状。汝第呼号自辩,我与汝分此罪,汝决杖,我亦决杖。"既而包引囚问毕,果付吏责状,囚如吏言,分辩不已。吏大声诃之曰:"但受脊杖出去,何用多言!"包谓其市权,捽吏于庭,杖之十七,特宽囚罪,止从杖坐,以抑吏势。不知乃为所卖,卒如素约。小人为奸,固难防也。孝肃天性峭严,未尝有笑容,人谓"包希仁笑比黄河清"。

【译文】

包拯治理开封府时,以明察秋毫为众人所称道。当时有一个百姓触犯了法规,要受到杖脊,府里有一个官吏收受了他的钱财,跟他约好说:"如果今天府尹提审的话,肯定会把实施刑罚的事情交给我,你就大声呼喊冤屈就可以了,我会为你分担责罚的。你若被判处了杖刑,我也会被判处杖刑。"过了一会儿,包拯让人把犯人押解上来,庭审之后,果真是让那个官吏执行责罚。犯人遵照官吏之前教给他的,一个劲地争辩不休。官吏厉声斥责道:"你只要接受杖刑之后就可以滚了,哪里来这么多的废话。"包拯认为这位官吏逾越了自身的职权,就将他也按到大堂之上,责打了十七杖,并且特意减轻了犯人的责罚,只让他受臀杖,以此来遏制此官吏的权力。但是包拯不知道自己已经被此官吏出卖了，因为最终的结果与官吏和罪犯之前所约好的相同。小人要干些狡诈的事情，原本便是难于防备的。包拯天生性情耿直严格，很少有笑意，所以那时的人们说"要让包拯笑比让黄河清澈还要困难"。

卷十五·讥谑

石曼卿微行娼馆

石曼卿为集贤校理,微行娼馆,为不逞者所窘。曼卿醉与之校,为街司所录。曼卿诡怪不羁,谓主者曰:"只乞就本厢科决,欲诘旦归馆供职。"厢帅不喻其谑,曰:"此必三馆吏人也。"杖而遣之。

【译文】

石曼卿任职集贤校理的时候,有一回晚上偷偷前往妓院,遇到了几个胡作非为的人,使得他十分的尴尬。曼卿喝得有些多,就跟那些人争执不休,最后被在街上巡视的官吏逮捕了。曼卿的性情很是奇怪,有些放荡不羁,他跟管事的头领说:"我请你们在此处做出处罚,明日一早我还要去馆里工作呢。"头领不知道他只是在说笑,便说道:"这个人肯定是三馆的官吏。"所以只打了他几板,就让他走掉了。

热中允不博冷修撰

旧日官为中允者极少,唯老于幕官者累资方至,故为之者多潦倒之人。近岁州县官进用者多除中允,遂有"冷中允"、"热中允"。又集贤殿修撰,旧多以馆阁久次者为之,近岁有自常官超授要任、未至从官者多除修撰,亦有"冷撰"、"热撰"。时人谓"热中允不博冷修撰"。

【译文】

以前能做到中允这个职位的人非常稀少,只有当了很长时间的官,有着比较高的资质,但是一直没能升职的人,才会获得这个职位,因此被委任了这个职位的人,大多都是一些官场失意,心情抑郁的人。最近几年,被提拔上来的州县官有很多都被任命为中允,所以分别有了"冷中允"和"热中允"这样的叫法。还有集贤殿修撰这个官职,原先也基本都是授予在馆阁中待了很久,职位一直没有得到提升的人。但是现在有一些越级升职,又没有获得侍从官资质的普通官吏,也多被授予集贤殿修撰这个职位,所以也分别有"冷修撰"和"热修撰"的叫法。那时的人们说"热中允比不上冷修撰"。

不识字更快活

梅询为翰林学士,一日书诏颇多,属思甚苦。操觚循阶而行,忽见一老卒卧于日中,欠伸甚适。梅忽叹曰:"畅哉!"徐问之曰:"汝识字乎?"曰:"不识字。"梅曰:"更快活也。"

【译文】

　　梅询担任翰林学士的时候,有一日需要写的诏书非常多,但他却毫无头绪,因此十分烦恼。他便手持纸笔顺着阶梯边行走边思考,突然看到一位年老的士兵躺在太阳下,安逸地伸着懒腰。梅询感叹说:"实在是太舒服了!"随后又询问老兵:"你认识字吗?"老兵答道:"不认识。"梅询说道:"这样就更快活了。"

卷十六・杂志一

盐南风与汝南风

解州盐泽之南,秋夏间多大风,谓之盐南风。其势发屋拔木,几欲动地,然东与南皆不过中条,西不过席张铺,北不过鸣条,纵广止于数十里之间。解盐不得此风不冰。盖大卤之气相感,莫知其然也。又汝南亦多大风,虽不及盐南之厉,然亦甚于他处,不知缘何如此。或云自城北风穴山中出,今所谓风穴者已夷矣,而汝南自若,了知非有穴也。方谚云:"汝州风,许州葱。"其来素矣。

【译文】

夏秋交际的时候,解州盐泽的南边总是会刮起狂风,众人把这叫作盐南风。这种风可以把房顶掀开,将大树连根拔起,几乎地动山摇。但是其影响范围在东南两面都不超过中条山,西边不超过席张铺,北边不超过鸣条岗,只是局限在这几十里的地区之间。解州如果没有这样的狂风,便无法将盐的结晶从盐泽的水里提取出来,这也许是因为风跟卤水的气息互相应和的原因,但无人能够理解其中确切的原理。另外,汝南也经常刮起狂风,虽说风势比不过盐南风,但是却也比别的地区要剧烈,也不知原因何在。有些人说汝南风是从城北面的风穴山里吹来,但是风穴山现今早已经成为平地,但是汝南风还是照旧刮着,由此可以得知其根本原因并不是由于风穴。当地有谚语说:"汝州风,许州葱。"由此可见这种风已经存在很长时间了。

跳 兔

契丹北境有跳兔,形皆兔也,但前足才寸许,后足几一尺。行则用后足跳,一跃数尺,止则蹶然仆地。生于契丹庆州之地大漠中,予使虏日捕得数兔持归。盖《尔雅》所谓"蟨兔"也,亦曰"蛩蛩巨驉"也。

跳兔

【译文】

契丹国的北边有一种动物叫作跳兔,它的身形与一般的兔子一模一样,但是前腿只有一寸,后腿却有差不多一尺长。它奔跑时使用后腿蹦跳,一跳就能跳出几尺远,静止的时候便趴倒在地上。它在契丹庆州的荒漠里生活,我作为使臣前去辽国的时候,曾经捕捉了几只带回来。这也许便是《尔雅》中写到的"蟨兔",又被称为"蛩蛩巨驉"。

蠦

蟟蟭之小而绿色者,北人谓之蠦,即《诗》所谓"蠦首蛾眉"者也,取其顶深且方也。又闽人谓大蝇为胡蟓，亦蟓之类也。

蟓

【译文】

有一种绿颜色的蝉类，身形极短，北方的人们将它称为蟓，这便是《诗经》里"蟓首蛾眉"中提到的蟓。《诗经》用它来比喻美丽的女子，是因为蟓的脑袋很有厚度，而且额头宽广方正。福建地区的人们将一种大蝇叫作胡蟓，也许它跟蟓是同种虫类。

海陆变迁

予奉使河北，遵太行而北，山崖之间往往衔螺蚌壳及石子如鸟卵者，横亘石壁如带。此乃昔之海滨，今东距海已近千里。所谓大陆者，皆浊泥所湮耳。尧殛鲧于羽山，旧说在东海中，今乃在平陆。凡大河、漳水、滹沱、涿水、桑干之类，悉是浊流。今关陕以西，水行地中，不减百余尺，其泥岁东流，皆为大陆之土，此理必然。

【译文】

我依照命令出使河北，顺着太行山向北面行走。崖壁上的石头中间经常会有螺蚌壳或者形状很像鸟蛋的石块，就像是横系在崖壁上的衣带。这个地方原本应该是海滩，但是现今海洋在东面千里远的地方。由此看来，陆地应该全都是由厚重的淤泥沉积堆叠而形成的。古代的史书中的记录称，尧在羽山杀死了鲧，按照旧时的说法，羽山地处东海，但是现今它却伫立在大陆之上。黄河、漳水、滹沱、涿水、桑干等大河的水质都很混浊，带有泥沙。现今关陕西边的流水全都在地面以下的山谷里流淌，最深的能有百尺，每一年携带的沙土都往东边流动，这些便是造就大陆的泥沙，所以陆地的形成可以说是理所当然的。

海陆变迁

指南针

　　方家以磁石磨针锋，则能指南，然常微偏东，不全南也。水浮多荡摇；指爪及碗唇上皆可为之，运转尤速，但坚滑易坠；不若缕悬为最善。其法，取新纩中独茧缕，以芥子许蜡缀于针腰，无风处悬之，则针常指南。其中有磨而指北者，予家指南北者皆有之。磁石之指南，犹柏之指西，莫可原其理。

【译文】

术士拿磁石磨蹭针尖,然后针便可以指示南方,但是经常轻微地偏向东面,所指的并不是正南方。让针漂浮在水面上,轻轻晃荡,或者摆放在指甲上和碗的边缘也都可指示方向,并且转动得十分迅捷。不过这些物体坚硬滑润,使针易于掉落。更好的办法是将针用线绳悬吊着,其方法为从新缫里面抽取出一根单独的蚕丝,然后拿取芥子大小的烛蜡,将它粘贴在针的腰部位置,吊挂在没有风通过的地方,如此一来,针尖就总是对着南边了。有时针尖被摩擦之后也会指向北面,我的家中,有指向南边的针,也有指向北边的针。磁针指示南方,就如同柏树会向着西方生长,现今还没有办法得知其中的原理。

钟馗之设

岁首画钟馗于门,不知起自何时。皇祐中,金陵发一冢,有石志,乃宋宗悫母郑夫人。宗悫有妹名钟馗,则知钟馗之设亦远矣。

驱魔天师钟馗

【译文】

不知道从什么时候开始,每一年的元旦人们都会把钟馗画在门上。皇祐年间,金陵挖掘出了一个古代的墓穴，其中有石刻的墓志铭，因而得知这是南朝刘宋宗悫的母亲郑夫人的坟墓。墓志铭上还记录了宗悫有一个叫作钟馗的妹妹，由此可以得知，关于钟馗的习俗已经流传很久了。

茶芽

茶牙，古人谓之"雀舌"、"麦颗"，言其至嫩也。今茶之美者，其质素良，而所植之土又美，则新牙一发，便长寸许，其细如针。唯牙长为上品，以其质干、土力皆有余故也。如雀舌、麦颗者，极下材耳，乃北人不识，误为品题。予山居，有《茶论》，《尝茶诗》云："谁把嫩香名雀舌？定知北客未曾尝。不知灵草天然异，一夜风吹一寸长。"

【译文】

古时候，人们把茶的新芽叫作"雀舌""麦颗"，意思是说它十分新鲜柔嫩。现今的茶叶更是优良，本来茶树便是上好的品种，而且用来栽种茶树的土地也很是肥沃，因此现在的新芽生长出来便有差不多一寸长，且如同针一般纤细。只有长得长的新芽才是佳品，因为当茶树的种类和土地中蕴含的养分都达到了一定的程度，它才能够使新芽生长得如此之长。形如鸟舌、麦粒那样的新芽，都是极差的茶材，但是由于北方人不了解这些，所以错误地认为它们是上佳之品而进行称赞。我居住在山里的时候，曾经写了一篇《茶论》，还有一篇《尝茶诗》写道："谁把嫩香名雀舌？定知北客未曾尝。不知灵草天然异，一夜风吹一寸长。"

闽中小核荔枝

闽中荔枝，核有小如丁香者，多肉而甘，土人亦能为之。取荔枝木去其宗根，仍火燔令焦，复种之，以大石抵其根，但令傍根得生，其核乃小，种之不复牙。正如六畜去势，则多肉而不复有子耳。

【译文】

生长在福建的荔枝核像丁香一样小，而且果肉很厚，味道甜美，其实在本地生活的人们也可以人工栽种这个品种的荔枝。其方法是，将一般的荔枝树去除主要的根茎，然后在火上把根部烤焦，之后再种植到土中，并且将根部用大石挤压住，如此一来它的根就只能从旁侧进行生长。经过这样处理的荔枝树结出的荔枝果核就会很小，但是这个种类的果核也无法再次发芽，就像经过阉割的牲畜，它们的肉会长得十分肥厚，但是却无法生育了。

傍不肯

元丰中，庆州界生子方虫。方为秋田之害，忽有一虫生，如土中狗蝎，其喙有钳,千万蔽地,遇子方虫则以钳搏之,悉为两段。旬日,子方皆尽,岁以大穰。其虫旧曾有之,土人谓之"傍不肯"。

荔枝

【译文】

元丰年间,庆州出现了很多子方虫。就在这些虫子大肆破坏秋季农作物的时候,突然又出现了另外一类虫子,它们看起来就像是土地里的狗蝎,嘴部带有钳子,成千上万地将地表都盖住了,它们只要碰到子方虫便会使用钳子跟它们搏斗,把子方虫咬成两段。只用了半个月的时间,子方虫就全部死了,那一年粮食的收成很好。这种虫子原来也曾经出现过,那个地区的人们将它称为"傍不肯"。

芋梗治蜂毒

处士刘易隐居王屋山,尝于斋中见一大蜂罥于蛛网,蛛搏之,为蜂所螫坠地。俄顷,蛛鼓腹欲裂,徐行入草。蛛啮芋梗微破,以疮就啮处磨之,良久,腹渐消,轻躁如故。自后人有为蜂螫者,按芋梗傅之则愈。

【译文】

　　处士刘易在王屋山隐居的时候,曾经在书斋里看见一只很大的蜂被粘在了蜘蛛网上,蜘蛛去袭击它,结果却被蜂刺蜇后掉了下来。没过多久,蜘蛛的肚子便鼓了起来,看起来几乎马上就要胀破了。蜘蛛缓缓地爬进了草丛中,将芋梗的表皮轻轻地咬开一些,然后贴在被蜇到的伤口上,不停地磨蹭,过了一段时间,它鼓起的肚子就慢慢地恢复了原状,又像原来一样灵巧轻盈了。自此之后,人们只要被毒刺蜇到,就会将芋梗搓揉之后敷在伤处,伤口就会痊愈了。

卷十七·杂志二

胆矾炼铜

信州铅山县有苦泉,流以为涧,挹其水熬之则成胆矾,烹胆矾则成铜。熬胆矾铁釜,久之亦化为铜。水能为铜,物之变化,固亦不测。按《黄帝素问》有天五行、地五行,土之气"在天为湿",土能生金石,湿亦能生金石,此其验也。又石穴中,水所滴皆为钟乳、殷孽;春秋分时,汲井泉则结石花;大卤之下,则生阴精石:皆湿之所化也。如木之气在天为风,木能生火,风亦能生火,盖五行之性也。

【译文】

信州铅山县内有一处叫作苦泉的泉水,泉水流出来形成了溪流,将水盛出煎烤便可以制成胆矾,然后胆矾又可以炼制为铜。用来熬煎胆矾的铁锅,时间长了也能变为铜质的。水竟可以成为铜,物质之间发生的转化,真是不可预测啊。根据《黄帝素问》的记录,天地各有五行,土气在空中就是湿气,土气和湿气都可以变为金石,水变为铜的这件事就正好证明了这一点。而且在洞穴之中,钟乳石、姜石便是水滴落下来之后形成的;春分和秋分的时候,从井泉里打上来的水可以结出石花;有着很多盐分的卤水下面可以形成精石:这些全都是因为湿气所致。还有,木气在空中就会成为风,木和风都可以生出火,这些都是五行的本质。

江湖不遇风之术

江湖间唯畏大风。冬月风作有渐,船行可以为备;唯盛夏风起于顾盼间,往往罹难。曾闻江国贾人有一术,可免此患。大凡夏月风景,须作于午后。欲行船者,五鼓初起,视星月明洁,四际至地皆无云气,便可行,至于巳时即止。如此,无复与暴风遇矣。国子博士李元规云:"平生游江湖,未尝遇风,用此术。"

【译文】

在水上开船,最担心的就是遭遇狂风。冬天的风全都是逐渐形成的,所以船家能够早做准备;炎夏时候的风却是骤然而起的,船只经常会因此遭遇事故。我曾经听在长江岸旁的商家说起过一种避难的方法。夏季的狂风大多是在中午之后形成的,开船的人需要在晚上五更初刻的时候起床观察天空,如果看到空中月色清明,整个天空都万里无云,就可以出发,然后在不到中午的时候就停止行船。如此一来,便不会碰到风暴了。国子博士李元规说道:"我一生都在外游历,但是却从来没有在坐船的时候遭遇到狂风,便是用了这样的方法。"

大 蓟

予使虏至古契丹界,大蓟茇如车盖,中国无此大者。其地名蓟,恐其因此也,如杨州宜杨、荆州宜荆之类。荆或为楚,楚亦荆木之别名也。

【译文】

我作为使臣前往辽国,走到原来契丹人生活的地方时,看到那里的大蓟的根部大小如同车盖一样。中原地区就没有如此巨大的大蓟。这个地区的名字叫作蓟，大概就是由于有很多这样的大蓟吧，就像杨州十分适合杨树成长，而荆州盛产荆木一样。荆州有时候也被叫作楚地，而荆木还有一个别名就是楚。

契丹语入诗

刁约使契丹，戏为四句诗曰："押燕移离毕，看房贺跋支。饯行三匹裂，密赐十貔狸。"皆纪实也。移离毕，官名，如中国执政官；贺跋支，如执衣、防阁；匹裂，似小木罂，以色绫木为之，如黄漆；貔狸，形如鼠而大，穴居食谷梁，嗜肉，狄人为珍膳，味如纯子而脆。

【译文】

刁约出使契丹的时候，开玩笑写下了四句诗词："押燕移离毕，看房贺跋支。饯行三匹裂，密赐十貔狸。"这首诗中所写的内容全是事实。移离毕是契丹的一个官职名称，类似于中原的执政官；贺跋支就像是中原官吏穿的执衣、防阁；匹裂是类似于小木罐的器皿，用色绫木制成，看上去就像涂上了黄颜色的漆料；貔狸是一种看起来跟老鼠很像，但是体型要更大一些的兽类，它们在地里钻洞居住，食用谷物，而且嗜好吃肉，契丹人将它们当作非常贵重的菜品，它们吃起来和小猪肉很像，但是肉质更加脆嫩。

清节

蔡君谟尝书小吴笺云:"李及知杭州,市白集一部,乃为终身之恨。此君殊清节,可为世戒。张乖崖镇蜀,当遨游时,士女环左右,终三年未尝回顾。此君殊重厚,可以为薄夫之检押。"此帖今在张乖崖之孙尧夫家。予以为买书而为终身之恨,近于过激,苟其性如此,亦可尚也。

【译文】

蔡君谟曾经在吴笺上书写道:"李及担任杭州知州的时候,购买了一本白居易的诗册,没想到却变成了一生的憾事。这个人非常的廉洁,世人都可以以他为榜样。张乖崖曾经任蜀中的官员,他外出巡游的时候,常会有美丽的女子伴随左右,但是三年间他却始终没有多看一眼。这个人很正直,能够作为轻薄之人的榜样。"这个帖子现今就搁在张乖崖的孙子张尧夫的家中。我觉得因为买了一本书而一辈子都引以为憾,实在是有些过激了,不过如果这是他的本性,那么确实是让人敬重。

"天子请客"

陈文忠为枢密,一日日欲没时,忽有中人宣召。既入右掖,已昏黑,遂引入禁中。屈曲行甚久，时见有帘帏灯烛，皆莫知何处。已而到一小殿前，有两花槛，已有数人先至，皆立廷中，殿上垂帘，蜡烛十余炬而已。相继而至者凡七人，中使乃奏班齐，唯记文忠、丁谓、杜镐三人，其四人忘之，杜镐时尚为馆职。良久，乘舆自宫中出，灯烛亦不过数十而已。宴具甚盛，卷帘，令不拜，升殿就坐。御座设于席东，设文忠之坐于席西，如常人宾主之位。尧叟等皆惶恐不敢就位，上宣谕不已，尧叟恳陈自古未有君臣齐列之礼，至于再三。上作色曰："本为天下太平，朝廷无事，思与卿等共乐之。若如此，何如就外朝开宴！今日只是宫中供办，未尝命有司，亦不召中书辅臣。以卿等机密及文馆职任，侍臣无嫌，且欲促坐语笑，不须多辞。"尧叟等皆趋下称谢，上急止之，曰："此等礼数，且皆置之。"尧叟悚栗危坐，上语笑极欢。酒五六行，膳具中各出两绛囊，置群臣之前，皆大珠也。上曰："时和岁丰，中外康富，恨不得与卿等日夕相会。太平难遇，此物助卿等燕集之费。"群臣欲起谢，上云："且坐，更有。"如是酒三行，皆有所赐，悉良金重宝。酒罢，已四鼓，时人谓之天子请客。文忠之子述古得于文忠，颇能道其详，此略记其一二耳。

【译文】

陈文忠担任枢密院长官的时候，有一天太阳已经落下了，突然有宦官传令说，皇帝召他进宫。陈文忠进到皇宫的右掖门之后，天色已经完全黑了，他被引领者带入了宫城之内。他们走了很久拐了很多弯，时常能看到挂着帷幔的殿堂，也不晓得是到了何处。之后到达了一个小殿门前，殿前有两个雕着花纹的围栏，只见一些人已经到了，全都站在殿堂里，殿上挂着围帘，只点着十几处火烛。陆续前来的一共是七个人，掌管礼仪的宦官禀报说人都到了，记得其中有文忠、丁谓、杜镐三个人，剩下的四个人不记得了，那时杜镐只是担任馆职。过了很久，皇帝才坐着轿子从宫里过来，也只点着几十盏火烛。宴席准备得很丰盛，帘子升起之后，皇帝叫大家不用行礼，都到殿堂中落座。皇帝的座位在东边，而陈文忠的位子就摆在西边，就像是普通人摆设宴席时的宾主座位。陈文忠等人全都不敢就座，皇帝不停地邀他们落座，陈文忠诚恳地说，从

陈文忠进宫

古至今，没有臣子和君王坐在一起的礼数，并且一再地解释。皇帝生气地说道："原本是由于天下无事，朝野安定，所以想和众位爱卿分享这份愉悦。如果拘泥于礼数，还不如到外朝去设宴呢！今日的宴席只是宫内操办的，没有给别的部门下令，也没有叫中书辅臣参加。众位爱卿都是机要部门或者文馆的官吏，没有什么不方便的，我就是想跟你们坐在一起聊天谈笑，就不要再推脱了。"陈文忠等人都要到台下致谢，皇帝连忙阻拦道："这样的礼节就都不用了。"陈文忠等人惊惶无措，毕恭毕敬地坐着，皇帝把酒言欢，十分愉悦。喝过五六轮酒之后，端上来的菜品中分别有两个红色的袋子，放到了各位大臣面前，里面装的是很大的珠宝。皇帝说道："现在风调雨顺，各地的收成都很好，国泰民安，真想每日夜晚都跟爱卿们相聚啊。太平盛世很是难得，这些物品就当是为你们增加一些宴请游玩的资费吧。"众位大臣全都要站起道谢。皇帝说道："都先坐着，一会儿还有呢。"之后，又喝了三次酒，每一次都有东西恩赐下来，全都是珍贵的宝物。等到宴席完结，已经是四更天了，那时的人们称之为"天子请客"。文忠的儿子述古听文忠讲述了这件事情，他可以详尽地讲述此事，此处只是大概地记述。

边州木图

予奉使按边,始为木图,写其山川道路。其初遍履山川,旋以面糊、木屑,写其形势于木案上。未几寒冻,木屑不可为,又镕蜡为之。皆欲其轻,易赍故也。至官所,则以木刻上之。上召辅臣同观,乃诏边州皆为木图,藏于内府。

【译文】

我依照命令在边境地区巡查,发明了木质地图,用以描绘那里的山河道路。我起先是遍访此处的山河,然后再使用木屑和面糊将这些地形制作成模型按到木板上。很快,由于天气寒冷,没法使用木屑制作了,所以就使用融化之后的蜡绘制。之所以这么做是为了让地图更加轻巧,方便携带。回到官府以后,我将木板制作的地图献予皇帝。皇帝召来辅政大臣一同查看,之后便下令让各个地区全都绘制这样的地图,然后收藏在宫内。

卷十八·药议

人体消化道与饮食药物吸收

饮食

古方言云母粗服,则著人肝肺不可去。如枇杷、狗脊,毛不可食,皆云射入肝肺。世俗似此之论甚多,皆谬说也。又言人有水喉、食喉、气喉者,亦谬说也。世传《欧希范真五脏图》,亦画三喉,盖当时验之不审耳。水与食同嚥,岂能就口中遂分入二喉?人但有咽有喉二者而已,咽则纳饮食,喉则通气。咽则嚥入胃脘,次入胃中,又次入广肠,又次入大小肠;喉则下通五脏,为出入息。五脏之含气呼吸,正如冶家之鼓鞴;人之饮食药饵,但自咽入肠胃,何尝能至五脏?凡人之肌骨、五脏、肠胃虽各别,其入肠之物,英精之气味皆能洞达,但滓秽即入二肠。凡人饮食及服药既入肠,为真气所蒸,英精之气味以至金石之精者——如细研硫黄、朱砂、乳石之类——凡能飞走融结者,皆随真气洞达肌骨,犹如天地之气贯穿金石土木,曾无留碍;自余顽石草木,则但气味洞达耳,及其势尽,则滓秽传入大肠,润湿渗入小肠,此皆败物,不复能变化,惟当退泄耳。凡所谓某物入肝、某物入肾之类,但气味到彼耳,凡质岂能至彼哉?此医不可不知也。

【译文】

古时候的医书中讲,如果直接服用云母,它们就会粘附在人的肝肺上面无法去除。就像枇杷和狗脊这二者的毛不能够食用一样,据说吃了之后会进入人的肝肺。世间有很多这样的说法，全都是没有道理的。还有的人说，人有三个喉咙，分别是水喉、食喉、气喉，这也是无稽之谈。现今流行的《欧希范真五脏图》就将人的喉咙画为了三个，也许是因为那时查看得不详细。水与食品一起吞咽，又如何能在嘴里分离然后进到两个喉咙之中呢？人只具有咽、喉这两个部分，咽是运送食品的，喉则保证气息畅通。咽部运送的食物先是进到食管，之后进入胃里，再进到直肠，再就是大小肠。喉则是与五脏保持通畅，用于呼吸。五脏中含有气体所以可以呼吸，就像是炼制金属时使用的通风器。人吃的食品和药物，从咽部直接进到了肠胃，又怎么会去到五脏呢？人的骨骼、肌肉、脏器、肠胃虽然有所不同，但是进到肠胃里的食品和药物，它们精妙的成分却可以毫无阻碍地到达身体的所有部分，只有废弃没用的残渣才会进到大小肠。人们服用的东西进到肠子后，会由人体内的真气蒸化，精妙的部分和药物中的精华，就像硫黄、朱砂、钟乳石等等，只要是可以流通融结的，全都跟随真气进入到肌肤和骨骼，就如同天地间的真气可以贯通万事万物一样，从来不会遭到阻止，也不会停滞不动；剩下的无法被真气蒸化的成分，像是顽石草木之类，只有气味可以跟着真气通达四处，等到气味消失之后，固体便会成为残渣进到大肠，液态的东西就进入小肠，这些全是没用的东西，无法再次进行转化，就只能够排出体外。那些某物可以进入肝脏，或者某物可以进入肾脏的说法，说的只是它的气味能够去到那里，物体又如何能够去到那些地方呢？这些道理是医者必须要明白的。

图文资讯 — 拓展书籍内容,开阔阅读视野。

拓展视频 — 观看在线视频,激发阅读兴趣。

趣味测评 — 获取测评阅读建议,测评阅读习惯。

阅读分享 — 分享阅读心得,碰撞思维火花。

扫码进入 线上

阅读空间

ONLINE READING SPACE

让知识照耀人生